海外へ飛び出す⑤
working in SHANGHAI

上海で働く

須藤みか
Sudo Mika

めこん

上海で働く●目次

Information はうしろのページから始まります。

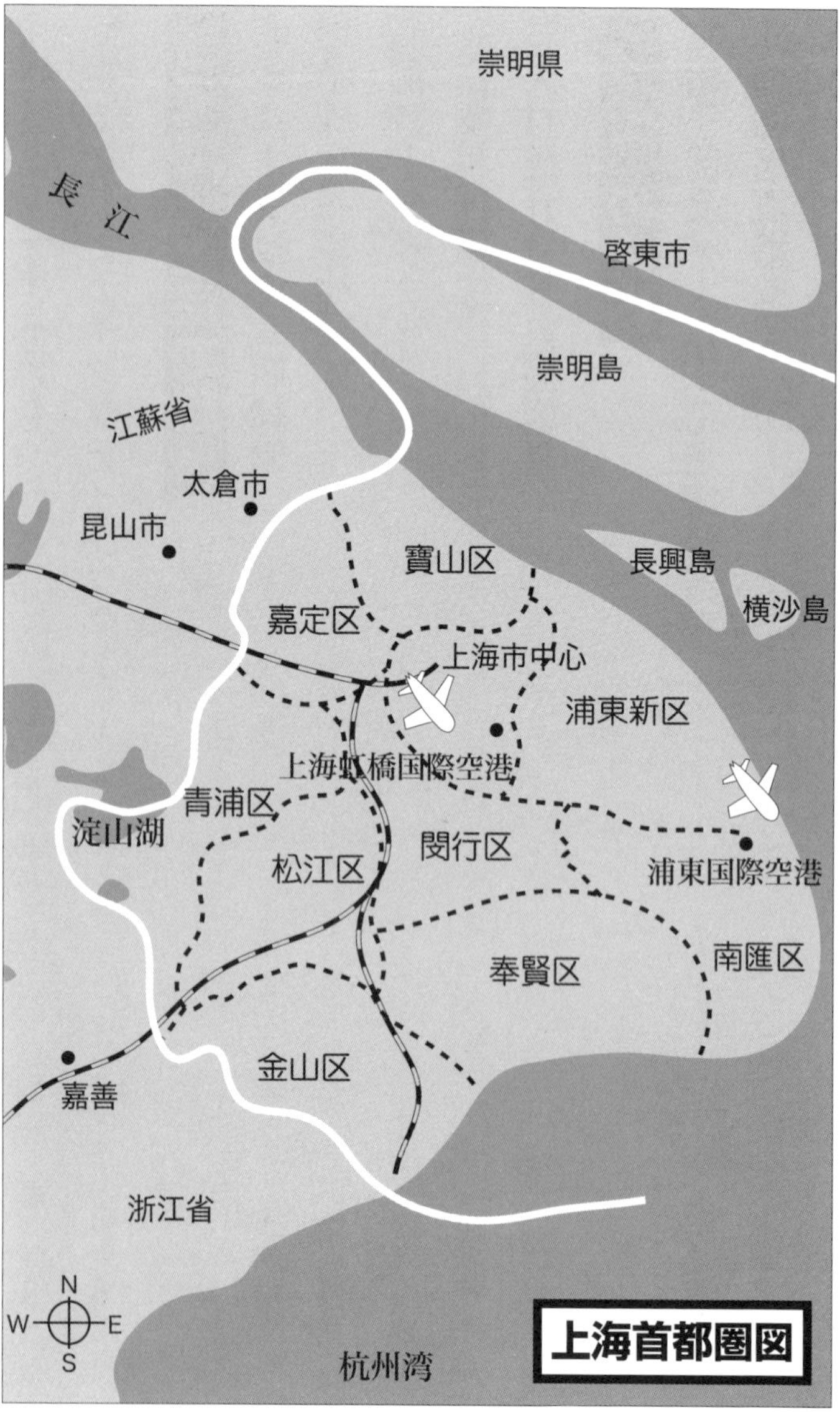
崇明県
長江
啓東市
崇明島
江蘇省
太倉市
昆山市
寶山区
長興島
横沙島
嘉定区
上海市中心
浦東新区
上海虹橋国際空港
青浦区
淀山湖
閔行区
浦東国際空港
松江区
南匯区
奉賢区
嘉善
金山区
浙江省
N
W
E
S
上海首都圏図
杭州湾

上海市中心部
曹楊路
普陀区
玉仏寺
長寿路
上海駅
閘北区
虹口区
蘇州河
成都北路
静安区
黄浦区
中山公園
中山公園
Hリッツカールトン
東方明珠広播電視塔
静安寺
静安寺
石門一路
人民公園
河南中路
外灘
人民公園
上海人民政府
人民広場
明珠公園
Hグランドハイヤット
上海
海洋水族館
Hマンダリン
Hヒルトン
天山公園
延安西路
H花園飯店
浦東新区
豫園
黄陂南路
常熟路
陝西南路
新天地
長寧区
南市区
黄
浦
江
孫中山故居
徐匯区
虹橋路
衡山路
周公館
上海交通大学
盧湾区
魯班路
徐家匯
上海医科大学
中山南路
南浦大橋
上海体育館

表紙カバー写真　鎌澤久也　須藤みか

上海で働く●インタビュー

❶不動産営業
江端希
Ebata, Nozomi

価値観が多様で居心地満点。街と一緒に成長していきたい！

一九七九年二月二日生まれ　富山県出身
米国ネバダ州立大学ラスベガス校　ホテル経営学科卒
上海百特房地産諮詢有限公司
営業部アシスタントマネジャー
【上海歴】　二〇〇三年五月〜
【収入】　日本の同年代よりやや少ない程度
【休日】　基本的には週休二日
【住まい】　2LDK（七〇平米、三五〇〇元）

上海で社会人デビューしました。

仕事は不動産の賃貸物件の営業で、一部欧米人のお客様もいますが、主に日本人を相手にした会社です。日本の不動産会社では、物件を紹介してそこで終わりじゃないですか。ここは海外なので、言葉の問題や習慣の違いもあって、エキストラのサービスが求められる。物件を紹介したあとも、アフターフォローとしてお世話をします。飲水機や洗濯機が壊れているからと電話が入れば、デベロッパーやオーナーに連絡をとって、修理をしてもらったりと対応します。

ウチの会社では必ず、日本人スタッフは中国人スタッフをパートナーにしてチームで動きます。日本人はお客様とのやりとりをし、中国人はデベロッパーやオーナーとの折衝をする。コミッションは個人ではなくチームに対して払われるので、協力して仕事をしないともらうことができない。言いたいことは言い合いますが、いい関係を築かないと仕事が進まないようになっているんです（笑）。

中国人と日本人の間には考え方や感覚のズレがあるので、確認に確認を重ねます。日本人にはとても気になることでも、中国人には「なんで、こんなことを気にするの？」としか思えないこともあるし、壊れたかどうかの基準も日本人と中国人とでは違う。そういったギャップを私たちが埋めていくわけです。

中国語ですか？　生活では問題ないんですけど、ビジネスの細かいところになるとまだ当てにならないこともあります。だから、社内では中国語と日本語、英語の三カ国語を使ってコミュニケーションをとっています。週二回家庭教師に中国語を教わってましたけど、今は忙しくって中断してます。もっと中国語を話せれば自分一人で動ける仕事の範囲も広がるので、少し落ち着いたら再開するつもりです。でも、上海に来て驚いたのは、英語がかなり通じること。ホワイトカラー層だとみなさん、大体英語ができるんですよね。それでずいぶん助かっています。

上海に来る前は、アメリカに三年いました。

富山県の高校を卒業後、立教大学にできたばかりの観光学部に入学しました。ホスピタリティを学問で扱うというのはアメリカではメジャーなんですけど、日本では立教が初めてで画期的な学部だったんですよ。でも、前々から留学したいと思っていたので、二〇〇〇年の二月、大学二年生が終わる頃にアメリカに留学。中国にも興味があって第二外国語では中国語をとっていたんですね、だから留学先を中国にするかアメリカにするかで迷いましたが、単位が移行しやすいネバダ州立大学ラスベガス校を選びました。

立教を一年休学しての留学だったんですが、あと一年いれば卒業できることが分かって。日本に戻っても卒業まであと二年は学校に行かなきゃいけない。だったらこのまま残ってアメリカのディグリー(学位)を取得したほうがいいなと思って、立教を中退しました。

大学を卒業したのは、二〇〇二年一二月。卒業前から就職活動をしていたんですけど、英語を話せるだけじゃ、全然ダメなんですよね。そんな人、ごまんといますから、何かほかの人とは違う経験とか輝くものがないと…。特に、私がアメリカに行ったのが同時多発テロが起きた年。イミグレーションがうるさくなって、より一層留学生の就職事情が厳しくなったんです。このまま日本に帰ってしまうのももったいないし、かと言ってアメリカに固執するのもどうかと思って。だったら、興味のあった中国へ行こうと。

アメリカは四年生の大学を卒業すると、留学生にはプラクティカルトレーニングのビザが出るので、日系ホテルのフロントデスクでコンシェルジェとして半年働きました。カジノでの遊び方をお客さんに教えたり。自分ではやらないけど詳しいですよ〜(笑)。この半年の間に、ネットで上海のことを調べたり、人材紹介会社に登録したり、同じ大学に行っていた上海出身のお友達が一足先に卒業して上海に

▲アメリカにいた頃から旅行は大好き。時間を見つけて中国大陸も旅行してみたい

戻っていたので、彼女とメールでやりとりしたり…。
彼女と出会ったことは大きかった。在学中に、彼女が四年ぶりにバケーションで上海に戻った時の話をしてくれたんです。「すごいよー。四年ぶりに帰ったら、違う街になっていた」って聞いて、ますます上海に行きたくなって…。私が上海に来ると、彼女は忙しいのに時間を作って部屋探しを手伝ってくれて、おかげで到着四日目にはアパートに引越しできました。

アメリカで探しているよりも来ちゃったほうが早いと思って上海に来ましたけど、最初は不安でした。ネットで登録した人材紹介会社からは何の反応もなかったから。それで夜間の専門学校で中国語を勉強しながら、昼間は上海散策をしつつ職探しを始めました。できれば営業職がいいなと思ってました。ホテル経営学を専攻したのでホテルの仕事も探したんです、だけどちょうどＳＡＲＳ

の渦中で…。ホスピタリティ業がガタっと落ちていた時で求人もなくて、タイミングが悪かった。

今の会社の面接を受けることになったきっかけは、地下鉄で見つけた中国語の新聞です。その新聞の中国人用求人欄を見ていたら、ある人材紹介会社の広告があって。日本語を話す中国人向けだったんだと思うんですけど、「お電話下さい」って書いてあって日本人担当者の名前もあった。それですぐに日本語と英語の履歴書を送りました。結構丁寧に書いたんですよ、人材紹介会社の方は今どき珍しいなって思ったんじゃないかと思うんです。すぐに、今の会社を紹介されました。

もう一つ決まりそうだった仕事があるんですけど、それも英語のフリーペーパーの求人欄で見つけました。欧米人相手の不動産会社ですけど、英語ができる日本人募集というもの。新聞の求人欄にも結構情報が載っているので、チェックしたほうがいいですね。

チャンスを見つけたら、とにかく動いてみるべきです。自分がここにいるっていうことは誰も知らないわけだから、前向きに動いていかないと。失うものも何もないですし。結局、上海に来て一カ月で、仕事が見つかりました。


面接に行って、今の総経理（社長）に一目惚れしちゃったんです（笑）。会社は二〇〇二年一二月に設立したばかりで、いよいよ営業をスタートするから、日本人営業職を初めて募集するというものでした。

日本からの投資家に上海の不動産を紹介し、賃貸までマネージメントして、売り時には売ってキャピタルゲインを得てもらうというビジネスの仕組みと会社のビジョンを聞いて、これは面白いビジネスだなど。上海にはまだ売買をメインにした日系の不動産会社もなかったですし。「まだ小さい会社だけれども、年齢や経験は関係ないので、大暴れして働いてください」と総経理に言われて、ここなら私も成長できるなと入社を決めました。総経理はアメリカや香港など海外でのビジネス経験も豊富で、バイタリティにあふれた人です。ボスですけど私たちとの垣根が低いっていうんですか、何でも思ったことを言えるし、ボスはそれを聞いてくれて的確なアドバイスをくれます。働きやすい環境ですね。

直属の上司は、中国人です。実はその上司から日本人としてのビジネスマナーを教えてもらっています（笑）。日本での社会経験がない分、敬語の使い方とかお客さまとの話の進め方とか、失敗することも多いんです…。失敗やミスがあれば、どこが悪いのかを指摘されることはありますけど、一度として怒られたことはない。いい上司のもとで伸び伸び働けて、ラッキーだと思います。

最近だんだんと、会社が形になってきているなって思います。もちろん自分のために働いているんですけど、会社のためにも働いています。自分が頑張った分だけ、会社が大きくなっていくのが実感できて、すごく嬉しいんです。

上海の街が好きです。便利さから言うとアメリカのほうが便利ですけど、上海も居心地がいいですよ。仕事では上海人の適当さに困ることもありますけど、仕事を離れるとその適当な感じが好きですねぇ（笑）。それに、上海の人ってあったかい。例えば、アメリカで英語を話せない状態と、中国で中国語を話せない状態を比べたら、中国のほうが断然生活しやすいと思う。中国語が上手じゃなくても、理解しようとしてくれる人が多いし。アメリカはちょっとスノービッシュなところがあるけど、中国人は違います。あと、見かけ上の隔たりもないから違和感もないし、向こうからもアプローチしやすいじゃんないかな。

上海は中国のなかでも特殊な街で、これがほんとの中国だと思うなと周囲にはよく言われるんですけど、上海って二つの世界が共存してるっていうんですか、そこが面白い。高級ホテルの横に八百屋があったりだとか、「新天地」*では五〇元で売ってるビールが、ちょっと路地に入ると五元で売っていたりとか。価値観が多様でしょう。中間を省略してすごいスピードで発展している国だと思うんですけど、それを受け入れる中国人っていうのも、すごいなと思う。

みんな前向きですしね。上を向いて歩いているでしょう。日本は元気がなくて、下を向いて歩いている人が多いのとは対照的です。いろんな国の人もいて、アメリカで言えばニューヨークみたいな国際都市のような感じかな。急激に変化していくアグレッシブな街に身を置いていたいし、自分も街と一緒に成長していきたいって思ってるんです。

(一二カ月後)

これまでは賃貸営業をメインに仕事をしていましたが、先月から投資顧問部に異動しました。以前から上司に、「徐々に売買のほうにシフトしてみたら」と言われていたんです。今は不動産投資コンサルタントという肩書きで主に、日本から来る個人投資家の上海不動産投資アドバイスを担当させてもらっています。部署移動プラス役職変更にともない、以前の給料も三〇%アップして頂けました!

賃貸営業の経験を通じて上海不動産マーケットを把握することができたので、今の仕事にとても役立っています。最近は上海の経済発展と人民元の切り上げ観測も見込んで、中国不動産を通しての人民元投資が日本でも注目を集めていますよね。その第一線にいるということで、エキサイティングな気持ちで毎日仕事しているんです。

＊上海独特の石庫門建築物を再開発した複合施設。レストランバー、ブティック、ライブハウスなどが立ち並ぶ。

❷フローリスト
紅葉高弘

Momiji, Takahiro

中国でやり切れたら、他の国へも行きたい！

一九七八年三月二日生まれ　北海道出身
職業能力開発短期大学校卒（小樽）
上海花彩店経営
【上海歴】　二〇〇二年七月～
【収入】　月収三〇〇〇～五〇〇〇元（それ以上のことも）
【休日】　年に一、二日
【住まい】　1LDK（四〇平米、二〇〇〇元）

紅葉って名前ですか、あぁ、珍しいですもんね。フローリストになるべくして生まれてきたような名前なんて言われると、嬉しいですね。

実家は北海道で花農家をやってますが、親が敷いたレールに乗るみたいなのもイヤで、違うことをやってみたくて、大学は工業系に進みました。高校を出たら、親からは自分でやっていけと言われていたのもあって、技術も習得できて学費が安いところにしたんです。入学金の半分は親に出してもらいましたけど半分はバイト代を貯めたお金で払って、大学時代の生活費も自分で稼ぎました。

卒業後は大手自動車メーカーの販売会社で営業をやってました。結構成績は良かったんですよ、新人賞ももらいました。だけど、社内でちょうどリストラが始まって、四〇何歳の人がリストラされるのを目の当たりにして、将来見えないなって思って辞めました。一年三カ月くらい働きました。

高校時代からサービス業のアルバイトをしていて、仕事をするならサービス業という思いもあったし洋服も好きだったんで、札幌で有名な洋服販売店に入ったんです。初めは服を販売する仕事で楽しかったんですけど、そのうち別部門のリフォームの店に配属されて、すぐ次長になりました。店とかメーカーを回り「お直しはありませんか」って営業をして、服を回収したり、クレーム処理したりとかする。上司はいましたけど、実質的には僕が店長のように任されてやってました。接客はないし、つまらなくて、これ以上この仕事を続けても面白くないと思って辞めました。

車にしても洋服にしても、ひと通りやってみると、売ったら終わりでしょう。もっと向上心を持てる仕事がしたいなと思って考えた時に、すぐに「花屋だ」と思った。僕、短大に入って一人暮らしになってからもずっと花は絶やしたことがなかった。自分の部屋に花がないと、イヤなんですよ。転々としたんですけど、結局花の世界にたどりつきました(笑)。花の世界には、新しい発見が常にありますからね。

札幌で有名な花屋さんを訪ねたんですが従業員の空きがなくて、「上海に行くっていう話があるよ」と紹介されました。リフォームの店を任されていた経験が評価されたみたいです。海外に行きたいという気持ちはもともとありましたけど、悩みました。花の世界はヨーロッパ志向ですから、どうせ行くならヨーロッパに行きたかった。僕自身に技術がないし、中国にはまだきちんとした花屋もないという話だったから、大丈夫かと。でも行ってみないと分からないし、半年くらいやって本当にダメなら戻ってくればいいと思った。上り調子の上海という街にも興味があって、上海へ行こうと決めました。

上海での出資者となる札幌の生花卸企業に入って、日本で三カ月、台湾で二カ月、水換えから、花の切り方、水の上げ方、アレンジやディスプレイなど、それぞれ有名なフラワーデザイナーのもとで勉強しました。初めて上海に来たのは、二〇〇二年七月。本格的に上海で仕事を始めたのは同じ年の秋で、今の店「上海花彩店」がオープンしたのが二〇〇三年一月です。社長からいくらかの資金は渡されましたが、日本からは一切給料をもらってません。自分の給料は店の売上げから出していて、毎月三〇〇〇から五〇〇〇元というところです。物価も家賃も安いので、何とか生活はできます。

経営の形をどうするかについては、もめにもめました。供給ルートだけは、日本の会社が出資している上海と昆明の合弁の花卉農場からと決まってたんですけど、経営の形態がなかなか決まらなかった。合併話が突然ダメになったり、すったもんだして…。きちんとした形になったのは、オープンして一年経ってからで、つい最近のことなんです。

店を開いて驚いたのは、花を買うのではなく、見るだけで帰っていく客が多いことですね。ある時、スタッフに聞いてみたんです、どうしてかって。そうしたら、

「五元の生花はすぐに枯れてしまう。だったら、五元のメシを食べたほうがいい。花は花屋で見て気持ちが安らげばいいという考え方なんだ」

って言うんですよ。だから、上海の人は買うとしても、長持ちする花しか買わない。日本みたいに、

▲突然の立ち退き騒ぎや、従業員が突然辞めたり…。毎日何かが起こるが、動じなくなってきた

きれいだから買おうとか、そういう発想はないみたいです。花を値切って買おうとするのにも、びっくりしました。初めは僕もマケなかったんですけど、今は表示を高くして、お客さんが値切りをかけた後に安くして売っています。値切ったと満足してお客さんが帰っていくんだったら、それでいいなって（笑）。

こっちの花屋さんって、野菜を売っているみたいに花を売るんです。新鮮なうちに売ってしまえばいいと思っている。だから当然客も値切るし、店側も安く売るんです。でも、この状況、変わっていくと思います。上海ではまだまだ花の種類が少ないんですが、ウチは珍しい花も置くようにしています。ちょっと高いんですけどね、買う人も増えています。あと二、三年でもっともっと上海の家庭に花が入っていくと思ってます。

中国では、クリスマスから、春節（旧正月）そしてバレンタインデーまでが、一年でいちばん花が売れる時期です。中国の人って現実的なところもあるけど、ロマンチストなところもある。バレンタインデーには男性が女性にバラの花を贈ったりするんですが、本数にも意味がある。一本だったら、一つの心に一つの気持ち。九九本だったら、九と久の発音が同じなので音にかけて永久の愛を誓うという意味になる。花束にカードをつけたりもしますが、「私の心には情熱が飛び交っている」とか、日本人には恥ずかしくなるようなことを書いてくれと言われるんですよ（笑）。

花の質はずいぶん良くなりました。例えば、去年まではバラを一束仕入れても、頭が折れていたり茎が短かったりして、二〇本のうち使えるのは大体半分くらいでした。それが今は、頭が折れているのはまずないし、茎が短いものがあっても四、五本で、一五本は使える。値段も二倍くらいになっていますが、質が良くなっているのだからそれは当然かなと。この一年で花の物流システムも、農場や卸市場で働く人たちの意識も確実に良くなっている。最初上海に来た頃は、花をひきずって歩いている花屋がいましたけど、そんな人は見なくなりました。花の扱い方が雑だなと思うことは今も時々ありますけどね。

お店をオープンしてすぐにＳＡＲＳが来てしまい、仕事は減るし、撤退することも考えました。いったん帰国して、来年改めて来たほうが良くないかとか、いろいろ考えましたが、結局上海に残りました。なんでかと言うと、新しくオープンするレストランなどに造花を飾る仕事が入り出して、帰国しようにもできなくなってしまって。新装開店のバーやレストラン、ホテルからのフラワーデザインの注文というのは日本でもあることですよね。でも上海では、個人の家庭からのオーダーというのもあるんですよ。

上海って今、マイホームブームでしょう、新しい家を花で飾りたいと訪ねてくる客がいる。クチコミで広がって、一年で二〇数軒はやったんじゃないかな。なかには花のデザインだけでなく、花を中心に考えた新居の内装、家具などトータルなインテリアコーディネートを任されたこともあって、それは特に面白かったですね。これは上海でなければ間違いなくできない仕事だと思います。

これはこれですごく面白かったんですけど、僕は花屋ですからやっぱり生花にかかわっていきたい。最近はようやく生花が売れるようになってきて、やっと花屋に戻ったなっていう気持ちです。

一軒の店をやるとなると、花のことだけを考えてるわけにはいかなくて、経営も考えないといけない。正直言って、きついです。中国で一人でやっていくには、日本でやる二倍、三倍のパワーがいりますからね。自分が二人いたらって思いますよ。中国語ももっと上手くなりたいんですけど、時間がない。

上海に来てよかった？　うーん、今のところ、まだ五分五分ですね。半分は来てよかったと思うし、半分は来なくてもよかったんじゃないかとも思います。来て良かったと思うのは、日本とは違う世界や常識、やり方があるということ分かったことかな。中国にいると、花の世界で刺激を受けることはほぼゼロで、その面では焦りを感じます。違う世界を知ったことで気持ち的には寛大になったし、柔らかくなった。だけど、その分、センスが落ちている気がするんですよね。でも、後悔はしないようにしようと思って。今、頑張っておけば、どこでもやれるだろうと。中国で花屋を経営できれば、アジアならどこの国でもできるんじゃないかな。僕の中ではこの店を一年くらいで軌道に乗せたいと思っていて、それから北京でも店が出せたら、中国を出てもいいなと思っています。中国でやり切ったと思ったら、タイとかほかの国にも行ってみたいし、最終的にはヨーロッパに行きたいなと思っています。

❸ホテルウーマン
池田樹里

Ikeda, Juri

あれこれ考えるよりまず行動。言葉の不安も必要があれば覚えられる

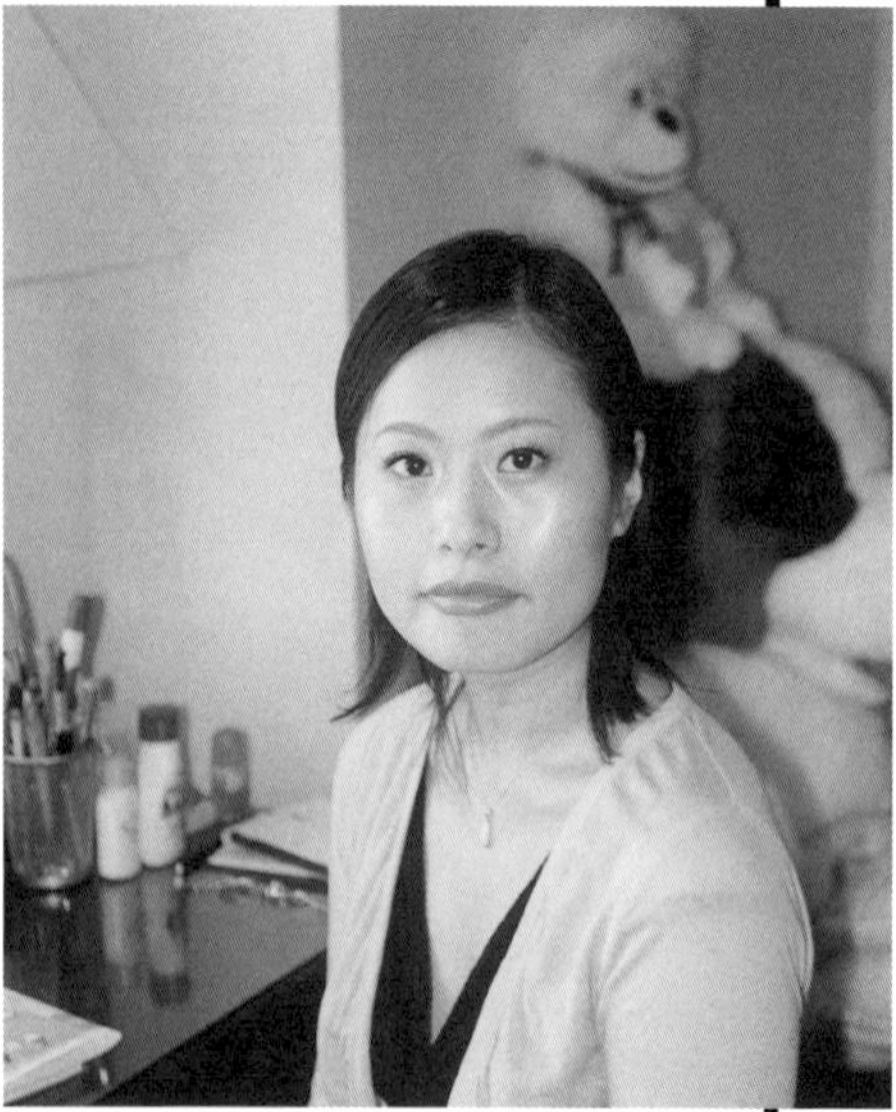

一九八〇年三月一〇日生まれ　新潟県出身
県立新潟女子短期大学福祉科卒　国際エアリゾート専門学校国際コミュニケーション科卒
米系ホテル
日本人ゲストリレーションマネージャー
【上海歴】　二〇〇二年六月〜
【収入】　日本の同年代ホテルウーマンの三分の二程度
【休日】　週休二日
【住まい】　ホテル内

実は私、今日が誕生日なんです。二四歳になりました！　ホテルスタッフのためのデイリーのちょっとした新聞があるんですけど、そこで毎日お誕生日を迎えた人が紹介されるんですね。今日は朝から、たくさんの同僚に「おめでとう」「おめでとう」と言われて…。とても嬉しいです。

私の仕事は日本人のゲストリレーションズで、お客様から特に呼ばれない限りはいつもフロントにいます。日本人のお客様がメインですが、同僚

とは英語でコミュニケーションをとっています。VIPの方のチェックインやお部屋のチェックのほか、リムジンを予約されたお客様をご案内したりします。お客様からのコンプレイン（苦情）もあるので、その対応に動いたり。怪我をされるお客様がいたりと、ホテルの中ではいろんな問題が起きます。まだまだ経験が少ないので、なかなかテキパキと動けなくて、ホテルの勉強をもっとしておけば良かったと思ってます（苦笑）。でも、この仕事をしていて良かったなと思うのは、お客様から帰国後にお手紙を頂いたり、フロントに私宛の感謝のメッセージを残して頂いたりする時。本当に嬉しいですね。

短大では保育士の資格をとりました。福祉の方向に進みたいと思っていたんですけど、ある時、英語を勉強して子供に英語を教えていける人になれたらと思って、短大卒業後に専門学校に行きました。学校にはホテルとか観光のコースもありましたが、私は英語を二年間勉強しました。いつか英会話の先生になるにしても、もっといろんなことを知っていなきゃダメじゃないかと思うようになって。実際に海外に出て、英語を使って仕事をするなかで、いろんなことを経験したいと思ったんです。

ちょうどそんなことを思っている時に、専門学校の先生から「香港か上海のシャングリラホテルでトレーニーとして働かないか」と声がかかりました。海外のホテルでは日本人のお客様が多いので、日本語を喋る人が欲しい。でも正規に日本人を雇うと高いじゃないですか。でもトレーニーであれば、住居を与えれば、お小遣い程度の安い給料で半年か一年間雇うことができる。インターンシップと言うんですか、年々増えているそうです。私の専門学校でもそれ目当てに入学してくる人もいるようです。

香港か上海かと言われても、中国のことをよく知らなかったので周りの人に相談したんですね。そうしたら、「上海のほうがこれから発展するだろうから、そういう元気なところに行ったほうが、チャンスがいっぱいあるよ」と言われて。それで、上海を選びました。

トレーニーとして一年間働いて、契約は終わったんですけど、まだ上海にいたかった。でもちょうどSARSの頃でお客様も減っていて、ホテルも人員カットをしていて契約延長してもらえない。それで、一緒にトレーニーをしていた中国人のルームメートに相談したら、別のホテルの人事部に知り合いがいるというので紹介してもらい、そのホテルにトレーニーとして移ることができました。でも、そこで働いたのは三カ月くらいです。場所がすごく市中心部からはずれたところにあったことと、お客様が地元の方が多くて、ホテル内の同僚とも英語でコミュニケーションをとることが難しかったんです…。

そうしたら今度は、シャングリラ時代の上海人の上司から、「新しくできるホテルに移ったんだけど、日本人が必要だから君も来ないか」と誘われて。米国資本で五つ星、それに市中心部にある。ここで働ければ、将来世界各地で働ける機会もあるかもと思いました。それに何より、新しくオープンするというのは注目度も高いし、魅力ですよね。

ホテルにインタビューを受けに行ったら、スタッフは明るいし、マナーもよかった。上海中の五つ星ホテルから引き抜かれてきた人たちばかりなので、そんな人たちと一緒に働けたらもっと楽しいだろうなと。前の上司から誘われた時は、とりあえずインタビューを受けてみようぐらいの軽い気持ちだったんですけど、インタビューを受けているうちに「ここで働こう」と決めてました。

上海のホテルでは、知り合いの紹介があってインタビューまで行けば、だいたい話はまとまるようです。あとは、本人の意思次第。私の場合はそんな状態でした。

▲住まいは、ホテルの一室。いつ呼び出しがかかるか分からない24時間体制

上海に来て、人の縁、特に中国の人たちに助けられているなぁと感じています。ルームメートが紹介してくれなかったら、SARSのために帰国していただろうし、シャングリラの上司がいなかったら、このホテルで働いていないと思います。

雇用契約は一年ごとです。お給料ですか？　日本のホテルで働くよりは少ないですよね。でも、お給料に加えて、住むところとか食事などのベネフィットがついていますから、まぁまぁじゃないかと思います。日本のホテルで働いた場合の半分とは言わないですけど、同年代のホテルウーマンの三分の二くらいでしょうか。でも、待遇は交渉次第なんです、自分をどのくらい売り込めるかどうかで決まります。私の場合は、あんまりうまく売り込めませんでしたけど（苦笑）。

失敗ですか？　はい、よく失敗しています。自分がチェックインをしたお客様でも服が変わってしまうと、そのお客様だと分からなくなったり…。エレベーターでお会いした欧米人のお客様と、「お部屋の住み心地はいかがですか？」と話をしているうちに、「上海は初めてですか？」と言ってしまって。そうしたら、「前回来た時にあなたの対応がすごく良かったから覚えているよ」と言われて、「しまった！」と思いました。あっ、言わなきゃ良かったって（苦笑）。そんなことがよくあります。

ホテルの勉強をしていないので、どういったふうにお客様に対応すればいいか分からないことが多くて…。言葉遣いもそうなんですけど、こういった場合には日本人のお客様にはこう対応するべきだとか、誰も教えてくれませんから。それは中国人の同僚には分かりません。上司もいますし、セールスには日本人の方がいますけど、私の教育に時間を費やしてなどいられない忙しい方ばかりなので、自分一人でやるしかない。最初は一人で悩んだりもしたんですけど、日本人のホテルマンの集まりが一カ月半から二カ月に一度くらいの間隔であるんですね。キャリアのある人たちばかりなので、その人たちからいろいろ教わって勉強をしているところです。

上海に来て良かったなぁと思うんですよ。私、ずっと新潟育ちなんですけど、上海にいる日本人も、いろんな地方の人がいて考え方も違ったりする。新潟以外の地方のことも勉強になるし、視野が広くなったように思います。いろいろ勉強しなきゃいけないってことも分かってきました。もっと英語を覚えなきゃいけないし、日本語も覚えたいです（笑）。もっときれいな敬語を話せるように。それと、マナーも身につけたいし、もっともっと知識を吸収しないと。いろいろな国からお客様が来るので、その国がどういう国なのか、お客様と話ができるようになりたい。本をもっと読まなきゃと思っています。

これまで一人で暮らしたことがなかったのでありがた味が分かりませんでしたけど、家族にも感謝できるようになりました。新潟から出て来て、本当に良かったです!

上海で働こうかなと思う人がいるなら、あれこれ考えるよりも行動したほうが早いと思いますね。言葉にちょっと不安な点を感じていても、来てしまえば人間って必要な時には覚えてしまいますから。私も来たばかりの頃は英語もロクに喋れなかったんですけど、働いているうちに英語力も伸びました。上海に来る前の英語力は、日常会話にも戸惑うほどでした。何か聞かれてもどう返せばいいんだろうと、戸惑ってしまったり、恥ずかしくて言葉が出なかったり。今は、英語のニュースを見ても分かるようになったし、日常会話はもちろんビジネスでもほぼ支障はありません。すごい早口の方だったり、お年寄りの方の喋る英語は聞きとりづらいのですが、そういう方以外であればコミュニケーションはとれます。

中国語ができなくても英語ができれば、上海では仕事は見つかると思います。外資系企業も多いですし、日系企業の中でも英語でコミュニケーションをとりながら働いている人もいますから。

でも、やっぱり中国語は話せたほうがいいですよね。今はホテルの中に住んでいるので、生活に困ることはないですけど、外に住むなら必要ですよね。タクシーに乗って行き先くらいは言えるんですが、どうしても通じない時は漢字を書いて見せたりしています。あと二、三年は上海で働きたいと思っているので、中国語を覚えたい。中国語と英語と日本語ができれば、世界中どこでも暮らせると思うので、頑張らなきゃと思ってます。

❹印刷会社営業
西塚正基
Nishizuka, Masaki

上海はチャンスある社会。三〇才までに起業するのが夢

一九七八年七月二十五日生まれ　愛知県出身
愛知学院大学文学部国際文化学科卒
印刷会社営業
【上海歴】　二〇〇二年一月～二〇〇三年二月、二〇〇四年一月～
【収入】　日本の同年代男性と変わらない程度
【休日】　週休二日
【住まい】　3LDK（二二〇平米、二〇〇米ドルは会社負担）を同僚とシェア

僕の上海の最初の夜って最悪だったんですよ～(笑)。

大学卒業後に入社した刃物メーカーから、片道切符だけ渡されて上海に来ました。上海中心部から車で一時間くらいの嘉定区というところに工場と事務所があって、住居も会社の近くに用意されてた。一軒家で結構キレイな内装だったんですよ、だけどね、リビングと寝室のエアコンを二つつけて、シャワーを浴びてたらガツーんって電気が消

えて、シャワーのお湯も冷たくなって…。暗い部屋のなかを裸のままで、ブレーカーを探したけど見つからなかった。上海は緯度から言ったら南のほうなんであったかいと思ってたら、とんでもない。二月の初めだったんで、めっちゃ寒い。暖房は効かないし、薄い布団だけで毛布もない。上海では停電もあると聞いていたから、寝るしかないと思って、スーツ二枚とコートを重ねて着て布団にくるまって寝ました。まだ電圧が安定してないらしくて、ちょっと多めに電力を使うとブレーカーが落ちる。テレビを見ながらアイロンがかけられないとか、電子レンジを使う時にはエアコンをいったん止めるとか（笑）。電化製品の組み合わせとかを試して工夫して、その法則を会得していきましたよ（笑）。今住んでいるところもガスの点火が悪くって。腹を立ててもしょうがないんで、何とかするしかない。でも、そういう工夫していくのが、僕、好きなんですよ。

新卒で会社に入ると、とにかく「海外へ行きたい」って社長に言い続けて、一〇カ月後に上海に来たんです。現地の社員は工員も含めて三〇〇人、日本人は僕一人でした。上海では新規顧客の開拓と既存顧客の管理が仕事で、営業先は日系企業でした。新規開拓もできて売り上げも伸びていたんで、半年後からは中国人の営業スタッフの管理の仕事も任されるようになりました。

仕事にも慣れてくると、いろんな面で会社の杜撰さが見えてきた。売掛金がね、むちゃむちゃあったんですよ。一年、二年回収していないのまであって。なんで分かったかというと、あるお客さんから入金がないからおかしいと思って確認したんですよ。そしたら、お客さんは「発票《*ファーピャオ》」を納品伝票だと思い込んでいて全部ほかしてたんですよ。ほかしたって分かります？　捨てたってことなんですけど。二〇枚くらいあったかな。発票って、捨てると罰金なんですよ、こっちでは国家管理のものですからね。一〇〇万円くらいの売掛金が、罰金だけで三〇〇万になる計算だったんで、すぐに謝りに行きました。

「オレの管理が悪かったんだ。君が悪いんじゃないから」

って、お客さんは言ってくれたんですけどね、驚いたのは社内の「ウチは悪くない」っていう態度。

「売掛金が四カ月も五カ月も滞っているのに、営業に入金が滞っているとなぜ言いに来ないんだ。それを職務怠慢だって言うんだよ。あなたが営業に入金状況を言ってくれてれば、お客さんだって二〇枚も捨てる前に五枚の時点で気づいたかも知れない。ウチが罰金を払わなくてもすむから関係ないってことじゃない。これで注文が止まっちゃったら、ウチだって困るでしょ」

って、財務課長に訴えましたけど、売掛金を回収するのは営業の仕事であって、僕には関係ないって顔をしてる。こういう状況を変えていくには、発票を管理するシステムが必要だと思って、すぐにシステムを作りました。この時の売掛金ですか？　全部はムリでしたけど、八割は回収しました。

「営業の仕事っていうのは、売って終わりじゃなくて、お金がもらえてやっと仕事が終わりなんだよ」と営業マンに噛み砕くように話もしました。発票の発行、引渡し、受け取りの確認と、それぞれの段階でサインをしてチェックする。営業マンの給料も中国人総経理（社長）の一存で決まっていて、成果で評価される仕組みがなかったんで、簡単にさぼれる。いつどのお客さんを回ったか、どんな営業をかけたか、見積もりは出したか、実際の注文はどれだけあったか、というのを数値化できるシステムも同時に作りました。誰がどれだけ仕事をしたかが一目で分かるように。

最初はみんなぶーたれてますけど、何回も何回も言えば分かってくれます。でもね、彼らもイヤだっ

▲生まれ年の会「78会」は情報交換の場となっている

たと思うんですよ、自分みたいな年下で、自分より給料もらっているヤツが上司なんて。僕だってイヤですもん。それがましてや違う国のヤツでしょ、尚更イヤだったんじゃないかな。だから、彼らのメンツをつぶさないようにしたし、言い分は聞くようにしました。でも、甘えたことを言っていることが多いので、そんな場合は「甘えている」とはっきり言って。中国に来る前から、大前研一とか落合信彦の本が好きだったんで、中国人の民族性は勉強していました。中国人の表面的な部分だけを見て、あの人はいい人だ悪い人だと言っても意味がなくて、どうしてそういう行動に出るのかを理解しないといけないと思うんです。

上海に来て一年経った頃に、各事業所で採算をとるようにと本社から突然通達があって、僕は駐在員から現地採用にされました。厚生年金も健康保険もなくなってた。それまで二一万円の給料を日本円と中国元で半々でもらっていたのが、全部元払いになって一万二、三〇〇〇元。どう計算しても給料が減っている。社長がワンマンで会社を私物化している雰囲気がイヤだったのもあって、長居しないほうがいいなと思った。僕が作ったシステムも機能し始めていたので、まぁ、僕がいなくてもうまく行くだろうと。

でも、上海は結構好きだったから、上海に残って転職しようと思った。それまで積極的に人に会ってきたこともあって、ちょうど人材紹介会社の知り合いから

「技術系が分かって、営業をできる人を探している会社があるんだけど。会うだけ会ってみない？結構待遇もいいらしいよ」

と言われて大手自動車部品メーカーを紹介されました。会ってみたら、ある展示会の時に名刺交換をしたことがある人だった。給与面を具体的に詰めないまま採用だけは決まって、「詳しいことは日本で決めるから、一年日本で研修してきて」と言われたんです。本社で営業を三カ月、別のセクションに三カ月という感じで合計八カ月間日本で研修して、今年の一月にまた上海に戻ってきました。

給与は、一万二〇〇〇元です。僕は、税金を引いた手取りだと思っていたんですが、上司は税込みだと言う。一万二〇〇〇元から所得税を引くわ、自分で国民年金、保険は払わないといけないわで、僕の手取りってめっちゃ少ないんですよ。人材紹介会社からは説明もなかった。日本での研修中は日本の普通の給料が出ていたんですからね。だから僕が最初に望んでいた状態に戻していくということで今、交渉中なんです。ローカルの生活をすれば、暮らせないわけじゃないですよ。だけど、日本人同士のネットワークだとか人脈作ったりだとか、必要じゃないですか。目上の人たちと話す機会が持てるのって、

自分にとってすごい面白いし勉強になる。それを「今日はちょっとお金がないんで行けません」とは絶対言いたくないんですよ。

本社で研修中に面倒見てもらった営業の人たちは、ありがたいことに僕を評価してくれています。でも、僕の上司や海外事務所を統括する部署からはそれほど評価されていない。仕事に対する熱意とか姿勢にも温度差があって、やりにくい。大企業病っていうんですか、たるいんですよね。近い将来、現地法人を作ることになるだろうし、そうなったら僕の仕事も面白くなると思うんですけど、今の事務所のままじゃ営業もできない。めっちゃヒマなんで、逆に疲れます。

僕、上海へ来てからは転職しちゃってるんですけど、学生時代のアルバイトは四年間同じところで働きました。生活雑貨の店で、販売もやるし裏方もやるし、バイヤーの人に「これ、受けますよ」って提案して売れたこともあった。僕の大学時代ってすごく忙しかったんですよ。学校行って、バイトして、バンドやって、ボーイスカウトの大きな大会の委員をやって。僕、子供の頃からボーイスカウト、やってんですよ。それから、大学のアルバムを作ったり。だから、ヒマなのは性に合わない。ゴハンは食べなくてもいいけど、精神的にお水をもらえないと死んじゃう。忙しい時のほうが楽しく遊べるじゃないですか。それが今、逆に時間がありすぎちゃって面白くないし、調子が狂ってます。

実は、ほかの会社から、来ないかって誘われてます。市場原理で言えば、より自分を評価してくれるところに行くのは当然で、上海はそういう社会だと思う。ただ、本社の営業の人たちには研修中に面倒見てもらっているし、僕に対しても評価をしてくれているし、応援もしてくれている。そんな人たちに対して、給料がいいから転職するというのは心苦しい。上海人ならさっさと移っちゃうんでしょうけど。でも、さすがに会社の誠意が見えない場合は、自分も生活が苦しいんで、移らざるを得ないかなと思っています。

現地採用の待遇が悪いと言われていますけど、自分にさえ能力があればいくらでもオファーはかかる。給料が低いからって卑屈になる必要もなくて、自分に対して低い評価しか下さないのなら別のところへ行けばいい。ある意味、そういうふうにドライになることも必要だし、現採ってそれぐらい強さがないと。自分で自分を守っていくしかない。現採の子のなかには不満ばっかり言って自分では動かない子もいる。[**]「上海エクスプローラー」の掲示板に、「自分は現採で、こんだけひどい待遇なんです」とか書き綴っている人とかいるじゃないですか。掲示板に書くくらいなら、会社に「自分はこれだけの仕事をしているんだから、これだけ欲しい。それがムリなら他に行きます」って言えばいい。

僕なんか中国語は全くできないで上海に来ましたけど、一年間周りが中国人ばっかりだったからスパルタ教育で、中国語を覚えた。仕事をしながらでも中国語は覚えていけるから、めちゃくちゃ中国語がうまくても仕事の経験がない人よりは、日本でなんらかの仕事の経験があって、日本的ビジネススタイルを理解している中国語そこそこの人のほうが需要は高いんじゃないかな。

上海の好きなところですか？　チャンスがあるところ。それと、なんか混沌としているところ。人種もいろいろだし、貧富の差もあるし、表と裏が思いっきり違ったりする。なんでもありな世界でしょ。中国人のいい加減さも退屈しない。うざったい時も多いですし、何するにも手間がいるし、だけどそれを楽しめればいいんじゃないかな。疲れたりですか、そりゃ、しますよ。ストレスもたまります。でも基本的に僕、一日で忘れちゃうタイプなんで（笑）。日本じゃありえないことが起きるのって、面白いじゃないですか。

最終的にはこっちで起業したいと思っているんです。三〇までに起業するのが目標。今年二十六だから、それまでは自分の経験値を積み、自分のスキルを高めていく時間だと思ってる。まだ中国語も中途半端なんで、中国語ももっと磨いて、人脈ももっと広げて。中国人のネットワークも広げたいし、中国の市場を調査もしていきたいし…。三〇までに何かやりますから、期待しててください！

（一カ月後）

結局、転職することにしました。あと二日間残務整理して、水曜日から新しい会社です。「本社の営業に来たらどうだ」って話もあったんです。すごいありがたいことですけど、やっぱり僕は上海に残りたかった。今度は印刷会社の営業です。年金も保険も加入してもらえて、待遇も良くなります。会社の規模は大きくないですけど、取引先は大企業が多い。すごい忙しくて、休みもないみたいですけど、ヒマよりずっといいですよ。今のこの時間を無駄にしたくはないですからね。

＊領収書。中国では国家税務局が発行を管理している。

＊＊詳しくはインフォメーションページ・暮らす⑩上海の情報環境P87を参照。

❺日本語教師

成田愛裕子

Narita, Ayuko

力を抜いて自然体でいられる
中国のアバウトさがいい

一九七五年四月六日生まれ　山梨県出身
文教大学文学部日本語日本文学科卒
上海南大蘇富特信息技術有限公司
日本語教師兼総経理助理（社長補佐）
【上海歴】　二〇〇〇年八月〜
【収入】　日本で日本語教師をやっていた頃の三分の二
【休日】　土日
【住まい】　2K（約五〇平米、一四〇〇元）

英語がすごく好きだったので、英語圏で働きたいと子供の頃から思っていました。それには、日本語教師になればいいと思ったんです、短絡的ですけど（笑）。

大学では日本語教育を専攻。卒業時にはマレーシアで働く話が決まっていたんですが、株が急暴落して外国人を雇う余裕はなくなったということでダメに。日本の専門学校で日本語教師をしつつ、それだけでは食べていけないので、大学の日本語教育研究室で助手をしていました。

その後、今度はタイでの話が決まって、ビザが取れたら後は行くだけという段階だったんですが、また話がどうも怪しくなってきて。結局ビザが下りずに、これもダメになりました。勤務先には退職届けを出して後任も紹介し、アパートも引き払いますと大家さんには連絡もすんでいましたから、ショックでした。アパートはなんとか延長ができたんですが、仕事はそうは行かなくて、一カ月くらい仕事探しをして、何もしない状態が続きました。

大学の指導教官がすごく心配して下さって、日系ブラジル人の子供たちに日本語を教える仕事を紹介して頂きました。子供に日本語を教えるというのはとても興味があったし、やりがいもあったんですが、それでも海外へ行きたいという気持ちは変わりませんでした。

しばらくして、指導教官から「上海へ行く話があるんだけど、どう？」と言われた時には、ためらいましたね。私の大学って中国とのつながりが強くて、大学を卒業する時にも、中国で働くという話は北京や長春、上海などからたくさん来ていたんです。その時の私はマレーシアでの仕事が決まっていましたので、「中国なんて行かないわ」と思っていた。それなのに結局、上海なのかぁと少し落胆しました。

マレーシアなどの話がダメになった後、自分でも就職活動はしたんですよ。ニュージーランドや米国、イギリスなど英語圏の日本語教師のポストに対して、六〇通くらいでしょうか、履歴書を送りました。でも英語圏では大学院を卒業していないとダメだし、ニュージーランドでは向こうの教育学校を卒業していないといけない。ニュージーランドの学校には、私は中高の教育免許を持っていたのでその免許を書き換えることはできないかと問い合わせもしたりしましたが、それもムリでした。

ゼミの同期生はみんな中国などで日本語教師として二年働いて帰って来ていて、焦りも感じてました。二年もずるずるしていたんだから、行ってみようと思い直して上海に来ました。で、来てみたら、上海の魅力にハマってしまったんですけれど（笑）。

上海での職場は、ホテルマンや旅行業界で働く人を養成する「上海旅遊高校」というところでした。一年生は英語と日本語が必修で、二年生になると日本語も選択科目になります。外国語は日本語だけを勉強するという専修クラスもありました。学期によっても違いましたけど、毎日平均して一コマ五〇分の授業を四コマか五コマ担当し、そのほかに日本語クラブの指導もしていました。

学校側の希望は、「何でもいいですから、日常使う会話を教えてください」。教科書もなかったので、毎日プリント作りに追われましたね。一クラスに五〇人というのには驚きましたが、中国ではまだこれでもいいほうだと同僚の先生からは聞かされました。五〇人もいると、やる気のある子たちばかりではない。やりたくない子もいるし、必修だから仕方ないと思っている子もいる。そうすると当然差が出てきちゃって、もっと難しいことを勉強したいという子もいれば、難しくて分からないという子もいる。

日本で教えていた時は一クラス二〇人くらいで、大学受験を控えているとか何かの目標があって勉強している学生ばかりでした。それがいきなり五〇人のクラスで、やる気もレベルもバラバラ。頭ではここは日本語学校とは違うんだからと分かっていても、自分の考え方ややり方を変えるのがうまくできず、悩みました。日本にいた頃は、この文法を教えるにはどうすれば理解してもらえるだろうといつも考えてきたのに、この旅遊高校ではどうすれば教室が静かになるかというのが課題でしたからね（苦笑）。

▲実際に通用する日本語を教えたい…、授業にも熱が入る

本来は会話の授業も文法の授業と関連させて教えていくというのが一番良いのですが、ここでは分離していました。今考えると、学校側の要求は要求としても、もう少し私のほうから文法の先生と連絡を密にとって関連づけて教えれば良かったかなと思います。

旅遊高校でのお給料は月二〇〇〇元でしたが、宿舎は提供されるので家賃は要りませんでしたし、光熱費もゼロ。自分で払うのは電話代だけ。食事代も要らなくて、朝・昼は学校に食堂があるのでそこで食べられるし、夜も学校が指定したレストランに行けば、サインをすれば食べられました。でも、メニューは自分で選べるわけではなく、行けばハイと決められたものを出されるんです。朝昼晩と毎日それが続くと、やっぱりきついですよ。

宿舎は、学校の敷地内にあるホテルでした。ホテルと言っても学生の実習用の施設なので、ふだんは四階建てのホテルに私一人。四階の自分の部屋から、授業の時には一階の教室に下りる。食事も敷地内の食堂に行って同僚の先生とゴハンを食べる。生活のほとんどがすべて狭い学校の中で完結しちゃうんです。

生徒たちは授業以外でも毎日のようにピンポーンと呼び鈴を鳴らして、

「先生、掃除に来ました！」

って、来るんですよ。掃除をしに来るというよりも、日本人がどんな暮らしをしているのかを見たい。私もそうでしたから分かりますけど、外国人の先生と話したいと思うんですよね。生徒はみんな可愛いんですが、こんな感じでプライベートはありませんでした。しかも、門限があって…（苦笑）。校長先生は女性の方で、私を娘みたいに可愛がってくれるいい方でしたが、

「外国人が一人で外にいたら危ないですから、門限は夜一〇時です」

と、決められてしまいました。でも仕事を終えた友達と集まって食事をしていたら、すぐに一〇時です。最初は律儀に守っていたんですが、学生は時間構わず遊びに来るし、本当にプライベートはないしで、ストレスが溜まってしまって。そのうちに、警備員の人と仲良くなったので、

「今日は一二時には帰ってくるから。でも、校長先生には言わないでね」

と口止めをして、内緒で遊びに出かけられるようになり、少し楽になりました。旅遊高校での経験はそうできることではないと思いますが、今あそこに住めと言われたら絶対にムリですね！（笑）

旅遊高校での仕事は当初一年の契約でしたが、もう一年と言われて延長しました。でも、二年目にな

って校長先生が替わられたのと、学校のホテルでの生活が窮屈にもなっていたので、二年間勤めたら別の学校を探すつもりでした。ちょうど、夜にアルバイトをしていた上海の日系企業の日本語センターから正式に採用したいという話を頂き、六月まで高校で働いて七月からその日系企業に行くことに。

それが突然会社の方針が変わってしまって、日本語センターは閉鎖。私の仕事もなくなってしまって。閉鎖の話を聞いたのが、六月の初旬。ビザの期限は六月末までだったので、二週間就職活動をして見つからなければ諦めて、残りの上海ライフを楽しもうと思いました。サイトの「上海エクスプローラー」の求職コーナーに書き込みをしたら、すぐに五、六件話が来ましたが、学校の体制や方針に賛同できなくて結局お断りしました。上海で仕事を探すのはやっぱりムリかぁと思って、ある中国人の友達に何気なく「日本に帰ることになりそうなの」と話したら、その彼女が今の会社を紹介してくれ、ぎりぎりのところで仕事が決まりました。

今の会社は、中国人が経営者です。日本語環境のコンピューターソフトを作っているので、私は昼間は中国人社員の日本語サポートをしつつ、夕方五時半から二時間、日本語を社員に教えています。職場の雰囲気もいいし、日本語を教えていてもみな熱心で楽しく仕事をしていました。でも一年以上すると、お給料があるだけで何の保障もない状態で働いていましたので、不安になってしまって。社長にそんな正直な気持ちを伝え、「帰国したい」と申し出ました。私の場合、日本で仕事していた時間もそんなに長くないので、将来に備えて貯金もしなきゃという思いもありましたから。

そうしたら、社長が「分かった」と言って下さって。ちょうど日本の会社との資本提携が決まったこともあって、日本での保険にも入れて頂けて、お給料も上がり、振り込みも日本と中国の二つの口座になりました。日本の口座への振込分はそのまま貯金をして、中国でもらう分だけで生活をしています。今は気持ちもすっかり安定して働けるようになりました。

お給料が上がったのに伴って、肩書きも総経理助理（社長補佐）となりました。日本語を教えることには変わりないのですが、日本からのクライアントを休日に空港まで迎えに行ったり…、仕事は増えましたが、楽しくやっています。日本語教師以外にもほかの経験ができる今の形は、理想的だと思ってます。

中国人に日本語を教える時に気をつけることですか？　よく言われることですけど、彼らのプライドを傷つけないようには気をつけています。日本のマナーも教えたりするんですが、中国人は食事中にテーブルに骨とかペッと吐き出したりするでしょう。日本ではマナー違反ですけど、頭から中国人の習慣を否定しないようにします。私はもちろんテーブルに骨を吐き出したりしませんけど、ぅそも方便で「私も中国ではしていますけど、日本ではしませんよ」という一言を付け加えたり。中国人は時間にルーズなところがあるので、それを注意する時も、「日本で会議が三時と決まっていたら、三時五分前には行かなきゃいけないんだよ」と言った後に、「日本人は神経質だからねぇ」と言ってみたりという具合です。

あるいは、日本人にはとてもイヤな感じに聞こえる中国人特有の日本語の言い回しもあります。言葉で説明しても理解しにくいので、日本のドラマのビデオCDを見せ、音を比較させてニュアンスを教えたりもします。日本語を教えると言っても、その国の文化や国民性を理解し尊重したうえで、気持ちを通い合わせていかなければと思っています。

中国人は日本人に比べると、アバウトな部分が多いと思います。今日という約束だったのに明後日になったりとか。普段なら仕方ないと思って流せるんですけど、疲れている時とかストレスが溜まっている時には「もうイヤだ」って思ったりすることもあります。でも、そういうアクシデントやトラブルも楽しむくらいの気持ちを持っていないと、上海では生活していけないかも知れませんね。

ウィークデーの夜は自炊したり、中国人の同僚とゴハンを食べたりしていますが、週末は上海で知り合った日本人の友人と遊びに行ったりもします。インターネットで見つけたサークルなどに参加したりして、友人を作りました。テディベアを作る「熊の会」や、犬を飼っている人の「ワンちゃんクラブ」です。上海には同じ生年の人が集まる会もあって、私は七五年生まれなので「七五会」に入っています。日本語教師の会というのもあるんですよ、年に二回開かれるんですけど、蘇州など周辺の都市からも集まるので多い時になると四〇人くらいになります。どんな会でもみんなと仲良くなるわけではなくて、何人かと仲良くなって、その友人の紹介でまた新しい友人と知り合う。そんな感じで、輪を広げています。日本では知り合うことのなかった職業や立場の人たちと知り合えるのは、楽しいことですね。

上海にハマったワケですか？　そうですねぇ、肌に合っているというのが一番ですね。私、結構気を遣うほうなので、日本だと気を遣いすぎてしまって窮屈になってしまってたんです。ところが、こちらでは力を抜いても大丈夫だし、自然に力を抜くことができて、私にとってはそれが程よくて心地いいんです。

❻カメラマン
海原修平
Kaihara, Shuhei

未熟だけど曖昧さのない、中国人パワーに魅せられた

一九五六年二月六日生まれ　岡山県出身
九州造形短期大学　写真学科卒
海原修平写真事務所
【上海歴】　二〇〇三年七月〜
【収入】　日本にいた頃の半分程度
【休日】　不定
【住まい】　2LDKでスタジオ兼用（二二〇平米、四五〇〇元）

上海の人の表情っていいよね。豊かだなって思う。

初めて上海に来たのは、一九九五年一月。雑誌の仕事だったんですけど、その中に中国の一般家庭の取材もありました。上海の旧城内と言われるところで、そこには昔ながらの上海の暮らしがあった。トイレも風呂もないすごく狭いところに親子三人で住んでいる一家だったんだけど、取材のあとにゴハンをよばれてね。僕らが住む日本は、電化製品も揃っていて風呂もトイレもあってという便利な生活だけど、この時に本当の豊かさって何だろうって思った。彼らは家族をとても大事にしていて、幸せそうに見える。モノがなくて狭くても、別の豊かさってあるなぁって思いました。

聞けば、この旧城内も開発によって無くなってしまうらしい。上海独特の住宅があって、迷路みたいな作りでね、きれいじゃないけど、中国人のパワーの源のようなものを感じて、僕にとってはすごく魅力的だった。上海を語るうえで絶対通らないといけない場所なのに、ここの姿を記録しようという人間もいない。それで、九六年から年に四回この旧城を撮るために上海にやってくるようになりました。

多くの日本人の表情って、生き生きしていないよね。東京では人がロボットみたいに見える。つらそうに出勤して、つらそうに地下鉄に乗って、帰りたくない家に帰っている。暗い顔が多い。上海にもなかには表情が死んでいる人はいるけど、ほとんどの人がお金なくても表情がいい、人間らしさがある。

ヨーロッパとかアジアとかずいぶんたくさんの国へ取材で行っているけど、上海は水が合うっていうのかな、自分に合うと思えた。こんなこと、タイ以外では感じなかったこと。でも、タイは暑い。暑いところで仕事するのはいやだったし、それに比べて上海は四季もあって、東京と気候が似ている。取材にしろ作品を撮るにしろ、ここでならオレは働けるかなという気がした。北京にもこの直前に仕事で行ったけど、そこで生活しようとは微塵も思わなかった。同じ中国でも、上海のぐじゃぐじゃ感っていうのかな、猥雑なところに、北京よりもパワーを感じます。

上海で働いたらどうだろうと思い始めたのは、二〇〇二年くらいから。年齢とともに仕事はだんだん減ってくる。僕の上の世代のカメラマンも、どんどん仕事がなくなっているのを見てきました。これまで『文藝春秋』といった月刊誌から『SPA!』のような週刊誌、カメラ専門誌『クラシックカメラ』などの何十誌と雑誌の仕事をやってきたし、今も定期的に数誌と仕事をしています。広告のほうでもアウトドアの「Coleman」とかエプソンなどをはじめとして何十社とかかわってきた。

でも、若い連中は二〇も年上のおっさんと仕事をしたくないって思うもんだよ、おっさんと一週間もロケに行ったら気も遣うしさ、イヤだよね、それは分かる。本当は技術や経験を持っている人と仕事をすれば勉強になるんだけど、今は楽しくわいわいやって、さらっと終わらせたいっていう風潮でしょ。景気のせいもあるんだろうけど、ギャラも安くなっているし、仕事は雑になる傾向だよね。情報誌だけが増えて、写真をきちんと見せる雑誌は減っている。そうすると、自分の数年後が見えてくるわけ。このまま東京にいても未来が見えているなら、環境を変えてチャレンジするしかないよね。押したり引いたり、一年悩んだ。だけど、もうやるしかないと思って、二〇〇三年上海に事務所を構えました。

周りは呆れたよね、製造業は中国に行っているけど、カメラマンで中国に行くなんて聞いたことないぞって。

数年後のことを考えたのもあるけど、やっぱり人との出会いも大きかったなぁ。作品撮りのために上海に来ることになった時、前の取材の時に知り合ったドライバーに連絡をしたんですよ。日本語が少しできるドライバーでね。そしたら、家族がメシ屋をやっているから「行こう」と連れて行かれて、そこで会ったのがメシ屋のオヤジをやっていた陳建平という男だった。陳は日本にいたことがあって、新宿

▲上海を舞台にしたショートムービー「上海恋香」の撮影現場

の平凡なラーメン屋を行列店にまでしたことがあるくらい料理の腕もよかった。心意気がよくて、率直。言いたいことは歯に衣を着せずに言うし、モノの考え方もオレと似てて、意気投合しました。

次に上海に来た時には、空港で陳の家族に出迎えられて。おまけに迎えの車は、現金輸送車なんだよ。現金輸送車のドライバーをやっている友人が休みだったからって、友人を車ごと借り出してた（笑）。上海に行くたびに毎晩、親類たちと一緒にゴハンを食べる。毎晩じゃ悪いから金を払おうとすると、「家族なんだから」と陳が本気で怒るんだよ。中国人って一度身内と思ったら、とことん濃いつきあいをするって聞いてはいたけど、驚いた。そして、嬉しくもあったよね。金はどうしたって受け取らないから、そのかわりに日本から彼らが必要なものとかを買ってくるようになりました。

いつもは家族が一緒なんだけど、ある時二人で屋台で飲んだことがあって、陳がボソリ言ったんだ。

「オレは双子で、弟より少し早く生まれただけで田舎に下放されて苦労した。でも、弟は上海でぬくぬくとしていた」

ってね。この文革時代の話を聞かされた時に、陳がほんとにオレを信頼してくれているって感じた。その陳がガンで亡くなったのが、二〇〇一年。六年間のつきあいだったけど、陳と出会ってなかったらこんなに上海に通うことはなかったかも知れない。陳たちに会ったおかげで、自分にとって居心地のいい場所が発見できたとも思う。陳はいなくなったけど、今も陳の一家とはつき合ってますよ。時には、放っといてくれと思ったりしながらね（笑）。

仕事の話をしましょうか。

中国で仕事をしていて一番感じるのは、中国人は撮影のディレクションができないなぁってこと。もう少し効率良く動けないものかと思う。例えば、最近やった雑誌の仕事にしても、編集者が思いつきだけで動こうとする。真冬の朝四時から地下鉄で、ノースリーブのモデルを撮ろうというけど、モデルは鳥肌が立ってしまっている。いい絵は撮れない、ムリだとこっちが言うと、編集者が今度は「自動車修理工場で撮ろう」と言い出す。変わった場所でモデルを立たせればカッコいいと思っているだけで、何がやりたいが決まっていない。だから一日上海をかけ回っても、撮影場所は決まらない。

撮影以前の段取りも下手だね。何カットも撮影しなきゃいけないのに、洋服は何枚もあるけど靴は一足しか用意していないとか。スタイリストも撮影用の服をハンガーにもかけずに放り出しておくから服はシワシワになるし、しかもアイロンも持ってこない。モデルのサイズに合わない服を持ってきて、それを無理やりに着せようとしたこともありました。

映画スターの王志文を撮影した時は、彼に着せる服がしわくちゃでみっともないのに、誰もアイロンをかけようとしない。前回一緒に仕事をしたスタイリストがアイロンを持っていなかったことで懲りているから、この時は持ってくるように指示を出していたんだけど、今度はそのアイロンをかける人がいない。みな、自分の仕事じゃないと思っている。ウチのアシスタントに言っても、「それは私の仕事じゃありません」でしょ。じゃ、オレがかけるのか（笑）とまで思うよね。結局この時は、ディレクターが慣れないアイロンをかけていた。

スケジュールもコロコロ変わる。本来明日撮影予定だったものが、「タレントが一日早く帰ることになったから今から撮影をお願いします」と連絡が入る。何のことはない、タレントは最初からそういう契約であって、スケジュール管理できていなかったのはキャスティング事務所だったとか。何が起こるか分からない世界です。最初は、日本では到底考えられないトラブルばかり起こるので神経をすり減らしてしまって、食は細くなるし、上海で仕事をするのはムリかなとも思ったこともあった。でも、もう慣れましたよ。何かが起こると思っていれば怖くない。逆に、それを楽しんでしまえばいいんだと。半年くらい経って、そう思えるようになって気持ちがラクになった。気も長くなったかもしれない、まぁ、ならざるを得ないですよね。これは中国で仕事を始めた人間が、一度は通る関門なのかも知れません。

雑誌を作る人たちも今は欧米の雑誌を真似しているだけで、目的や目標が見えず迷走している状況です。でも、少しずつ変わっていくんじゃないかな。なぜ、今のやり方ではいけないのかをきちんと理解できて、納得しさえすれば、中国人は動きますから。

未熟な面はいろいろあるけど、中国人にはパワーがあるよね。やっぱりパワーがない人とよりも、パワーがある人と仕事したいものでしょ。それと、日本のような曖昧さがないのがいい。

さっき言った王志文との現場にしても、彼ってすごく有名な役者だけど、うちのスタッフは平気で彼に喋りかける。日本だと若い助手がスターに気安く声をかけてはいけないっていう暗黙の了解のようなものがあるでしょ、誰が決めたわけでもないのにさ。それが中国だと、スタッフもそうだし、スターのほうもフランクで、きちんと受け答えしている。だから、上下関係なんかなくて、現場の雰囲気もいい。この姿を見た時には、感激しました。

撮影前日には打ち合わせも兼ねてみんなでメシを食べるんだけど、王もはっきり気持ちを伝えるから、打ち合わせもしやすい。若いスタッフもテーブルについたら、対等で妙な緊張などなくて。撮影後には、またきっちりゴハンを食べる（笑）。いい仕事をすることができました。

ここって天井高いでしょう？　一階の部屋だけすごく天井が高い。だからこのマンションの一階は、隣近所みんなカメラマンが住んでいてスタジオとして使っています。二LDKで一二〇平米あるのかな。

上海での仕事上の不安？　支払いが遅いって聞いているからね、それは不安です。ウチでも一件、支払われるまでに半年かかったのがあったなぁ。中国人カメラマンによると、上海ではギャラを集金するためには座り込みもしたりするらしい。いつかオレもそういう目に遭うかもしれない（笑）。全く仕事が入らない月もありますが、上海に来るのをやめておけばよかったとは思わない。物価は安いし、メシはうまいしね。こっちに来て楽しいし、日本にいるよりも心も体もラクになりました。

昨日も隣のカメラマンと話していたんだけど、ドイツからもフランスからも、マレーシア、シンガポールからもどんどんカメラマンが大挙して上海に事務所を構えているらしいんだよ。広告会社も含めて、世界中からクリエーターが集まってきている。熱くなっている上海を感じる。

カメラマンとして独立してからずっと、広告と雑誌の比重は半々でやってきた。今は上海での仕事はほとんどが広告関係だけど、雑誌の仕事も今後開拓していくつもり。上海の編集者と今の時代を出せるような仕事をしたいなと。中国語の勉強も始めないと。今までは、日本語が話せるアシスタントに頼りっぱなしだったけど、もうそろそろ始めます。


今の仕事のサイクルは上海二〇日間、東京一〇日間というペースです。ホームベースは上海に移しましたけど、〝上海だけ〟にはしたくない。東京にレギュラーの仕事があるということもあって、毎月行き来していますけど、このスタイルは今後も続けていくつもり。一つの国にずっと居続けると、視野が狭くなるし、新鮮な目でモノを見られなくなるから。毎月あるいは二カ月に一度は少なくとも帰りたい。

これまでは年に四回上海に来るというペースだったから、いつも新鮮な感覚で上海を見ることができたけど、最近少し感覚が麻痺している気がするから、気をつけないと。でも逆にね、上海にベースを移してから東京が新鮮に見えるようになってきた。今まで見えなかったものが見えてきて、逆に東京を撮りたくなってきている。上海も日本も、常に俯瞰した目で見られるようでいたいと思っています。

❼アパレル副資材メーカー営業

小原あゆみ

Ohara, Ayumi

念願の再就職に成功。上海のワーキングマザーは恵まれている

一九六四年五月九日生まれ　神奈川県出身
桜美林大学文学部中文科卒業
日系アパレル副資材メーカー
営業部マネージャー
【上海歴】　一九九八年九月〜
【収入】　日本にいる三〇代の女性と同程度
【休日】　土日・中国の祝日
【住まい】　一四〇平米の自宅マンションに夫と小学生の娘の三人暮らし

女性用インナー等に使うレースのメーカーで、営業マネージャーとして働いています。関西に本社があり、中国の工場、現地法人は青島にあります。上海は営業部隊の事務所でして、上海事務所の下に北京、広州、深せんにもオフィスがあります。私自身も営業職としてクライアントを持っていますが、上海事務所の所長も兼任してまして、そのほかの事務所も含めた中国人営業スタッフのマネジメントをしています。上海事務所が七、八

人。ほかのオフィスは、どこも二、三人の規模です。各事務所に主任がいますので普段は任せて、定期的に私が出張して顧客訪問、クレーム処理、事務所管理のほか営業相談などに乗っています。

下着メーカーさんはシーズンごとに新作を出されますので、それに合わせた副資材をわが社のほうでも提案させて頂きます。来春夏のものでしたら、今年の春という具合に通常一年前から新作の準備をするんですが、中国メーカーさんですと急な注文が入るんですよ、半年前や三カ月前ですとか。すごいスピードで中国が変わっていますでしょう、中国の下着業界も競争が激しくなっているからなんですけど……。特に、クライアントが中国企業の場合、いつも対応に追われます。

韓国にも定期的に出張しているんですね。日本、中国、そして韓国のそれぞれのマーケットを見ると、同じ東アジアでも女性たちの下着に求めるものが違うんですよ。日本では今、補正の要素が求められているのに対して、韓国は気持ちの良さ、そして中国はというと見栄えっていうのかしら。高く見えないといけない（笑）。例えば五〇〇元の下着なら、それ相応にゴージャスに見えるものが売れる。見せる下着っていう概念が出てきたんですね。驚くような派手なものがよく売れるのも中国です。

就職して四年目に現地採用から本社採用になりました。夏休みとか長いお休みに入ると子供を日本の実家に連れて行くんですが、一カ月くらいいると子供って風邪を引いたり、病気になるじゃないですか。だから日本に帰るたびに住民票を動かして健康保険に入って、その分発生した住民税を払うという形を続けてきたんですが、子供が小学校に上がりまして。区役所から「こういうことを続けると、転校手続きもしなければいけない。好ましくない」と注意を受けました。日本の本社にかけあうと状況を理解してもらえて、本社採用になりました。日本の年金制度がどうなるのかは分かりませんが、ここにずっといるわけじゃないですから。社会保険をつけてもらえたことで、安心して働けるようになりました。

うちの主人は北京出身なんです、今は帰化していますけれど。日本で結婚して一一年ですが、当時の日本ってバブリーな時代じゃないですか。若いＯＬもワケも分からないままにエンジョイしていて、給料も毎年一万円上がって当然とか。そんな時代の中で彼ひとり浮かれていなくて、人間性が上品だなと感じました。上品というのはお行儀がいいという意味ではなくてですね、こんなことまで書きますか、恥ずかしい（笑）。

主人は中国の国営の大手企業から東京に派遣されていたんですが、今ほど中国も開放されていませんでしたから、国から派遣された駐在員がローカルの人間と結婚してはいけないと言われ、主人は退社して日本の会社に就職。その後、アメリカの会社に移り、上海へ駐在となったのに私もついて来ました。

一年間は家にいましたが、子供が幼稚園に入ったらすごく時間ができちゃって。大学卒業後は台湾に一年半留学して、その後中国専門商社のＯＬでした。結婚後もフリーで通訳をしたり、大学の研究室の秘書をするとか妊娠八カ月まで働いて、ずっと子供を育てながら働いていました。それが、家にずっといて煮詰まっていたんですよね。主婦として有意義に時間を使える方もいらっしゃるんでしょうけど、私はそうじゃなかった。不満もいっぱいあって、視野が狭くなっていく。中国人に対して、どうして列に割り込むのとか、どうしてこんな言い方をするのとか、毎日怒っていました。ほんとに心が暗く陰険になっていて……。傲慢になっていたと思うんです。そんなふうに感じる自分も嫌で、働いているほうが自分にとっても子供にとっても、主人にとってもいい状態でいられると思いました。

▲本音で語り合い、共に苦労することで、中国人スタッフとの信頼関係を築いてきた

就職活動は、その当時あった日系の人材紹介会社二社に登録をしたほか、友人、知人に働きたい、働きたいと言って回りました（笑）。紹介会社からは中国系一社と、日系を二社紹介して頂いたのですが、前の二つは面接だけで、次のお返事を頂けませんでした。三〇歳を超えていて幼児を抱えているというだけで、多分ダメだったんだと思います。今の会社の面接には、飛行機に乗って青島へ行きました。「ここを開拓してほしい」「これもお願いしたい」とわーっと言われ、「一カ月に三分の一は出張だと思って下さい」と。「できる限り頑張りますけれども、子供がいるんですが」と答えると、「それはあなたの事情。アレンジはうまくやって下さい」。どうしようかと不安にも思いましたけど、やる気があるのに門をピシャっと閉められるよりも、すごく嬉しかったですね。受け入れてもらったということが。

出張ですか？　一昨年までは確かに、月の三分の一ほどでした。ただ子供が日本人小学校に入ると、長く家を空けるのが難しくなってきて。健康や安全面はアーイーさん（お手伝いさん）に見てもらえますけど、宿題や学校行事はそうはいきません。今は子供の休みに合わせて集中して出張したり、三泊したいところを二泊にしたり、月に多くても三回くらいにしたり抑えています。仕事だけを考えれば三泊したほうが仕事としては効率がいいんですが。

仕事をしていると、自分の力のなさを痛感する時もあります。お客様は中国企業が多いので、日本人なのにこんなに中国語がうまいのかと言って頂くこともあります。でも、現場ではいい話ばっかりじゃないでしょう。クレームも出るし、納期遅れも出る。そういう時、中国の方って若い人でもそうですけど、理論的っていうか弁が立ちますでしょう、いろんな熟語をちりばめて。そういう中国人を説得していかなきゃいけないのは苦しいし、つらい。

日本にいた頃はOLでしたから、人をトレーニングする、管理するという発想が欠如していて、最初の一年は苦しみました。管理しなきゃと思うものだから、必要以上に居丈高になってしまって、すごく反発もされて。日本へ帰ると、マネージャーの基本を勉強できる本を買ってきて、読み漁りましたね。反発したスタッフですか？　今もいますよ、主任になって私を支えてくれています。

当初はね、こちらの人って何て言うんでしょう、仕事や生活に対しての考え方がすごく合理主義、個人主義なんですよね、それに戸惑いました。例えば、携帯電話機の予算も一人一五〇〇元って言っているのに、一八〇〇元のものを買って来る。あわよくばと思っていて、もしも会社にダメだと言われたら差額は自分が出せばいいと考えている。一八〇〇元のほうがすごく品質が良かったし、お買い得だから買ったっていうんです。差不多《チャーブトゥ》(変わらない)でしょう、だって。言い分は分からなくはないんですけど、勝手に自分で判断して買っちゃう。それが一人じゃないんです、一〇人が一〇人そうなんですから。いちいち稟議を立てるとか、お伺いを立てるなんて効率が悪いと思っていて、中国人はしませんからね。最初は言うことを聞いてくれないと悩みましたけど、最近は私自身の感覚もそちらのほうになりつつあって…(笑)。ちょっとまずいなと思っています。

やりがいですか? 営業として自分が信じた商品が売れた時も嬉しいですが、一番やりがいを感じるのは、スタッフが成長しているのを見ることでしょうか。営業スタッフの採用はある程度会社から任されているので、私が面接をして選んだ人が少しずつ育っていく様子を見るのはとても嬉しい。ある日、すごいキャリアウーマンになっているのに、ハッと気がついたりね。スタッフの定着率も良いほうではないかと思います。

SARSもいい経験になりました。本社からは出張者が来なくなったし、日本に帰ってきちゃいけないと言われたし。今考えると上海ではそれほど脅える必要はなかったんですけど、いろんなデマも噂も流れていましたから。でも、そのおかげで、みんなで乗り越えたんだという一体感が生まれました。私自身にも心境の変化がありました。こちらで国際結婚している友人は、帰るところはない、ここでやっていくという覚悟を持っていますが、私には全然なくて、ほとんど腰が浮いていて(笑)。しょっちゅう日本にも出張しますし、両親もあちらにいますし。自分のなかで上海に帰るのではなく、日本に帰るんだとこだわっている部分がありましたけど、SARSがあって、ここでやっていくしかないんだなと思いましたね。

日本ではフルタイムのワーキングマザーって過労死寸前じゃないですか。日本にいる友人を見ていると、保育園を二つ回ってから通勤電車に揺られて通勤して、ぼろぼろに疲れている。ああいう姿を見ると、上海で働いているお母さんは恵まれているなぁって。こちらでは、子供がいれば子供は病気になる、親が年をとったら病気になる、っていう当たり前のことがちゃんと受け入れられるから、自分も必要以上に恐縮する必要もないし、他人にも寛容になれる。子供だから幼稚園に行きたくない時もあるし、むずかる時もあったりするでしょう。日本だと、そんなにしてまで働きたいのか、子供が可哀想にという周囲の冷たい視線を浴びたりする。それが上海ではない。女性も子育てしながら働いていますし、大学を出ているのに専業主婦をしていると、なぜ働かないの？と思うのが普通だから、そういう中にいて精神的にラクです。

無駄とか余分とか言ったら語弊があるし、反感を買うかも知れませんが、こちらでは家事の中でもアウトソーシングできる部分はどんどん任せてしまえる。主婦や母親でなければならない部分だけを押さえていけば、時間はどうにでも節約できる。その分を仕事とか家族の時間に回せる。自分の大切なこと以外で時間をかけなくてすむというのは、ストレスを感じなくてすむということ。日本にいた頃に比べれば、ストレスは一〇％以下ですね、今の生活にはすごく満足しています。落ち込んでいる時はすべてが不満に思えたりもしますが、今の状態は思い描いていたような方向に近いですね。

私が家事をするのは土日だけですが、そう、子供のお弁当だけは毎朝作ります。あっ、これが一番のストレスかも知れない（笑）。出張は効率よく動くために朝一番の飛行機に乗るので、そういう日は五時に起きて作ります。それでも出張の中日はアーイーさんにお願いして。娘からはクレームが出ますけどね（笑）。小さいと言えども日本人学校はやはり一〇〇％日本人社会ですから、変なお弁当を持ってきている、とか言われたりするみたい。「私のクラスでお母さんが働いているのは二人だけだ」と、娘が言うんです。前は一切言わなかったので、周囲からそう言われているのだろうと思います。

子供を寝させると一時くらい。その後、お風呂に入って本を読む時間が、一番楽しい時間。日本からの出張者に、単行本や『文藝春秋』『オール読物』などを頼んで持ってきてもらうんです。一時間くらい入っているので、時々主人が心配して浮いているんじゃないかと見に来ます（笑）。

スタッフもどんどん育ってきています。嬉しい半面、ちょっぴり脅威でもあるんです。浮かれることなく、また変に危機感を募らせることなく平常心で行きたいとは思っていますが。私も彼らと一緒に成長していかないと。スタッフと同じようなスキルでは困りますから、お風呂に入ってマネジメント関係ですとか、いろんな本を汗が出るまで読んでいるわけです（笑）。

上海に来てもうすぐ六年、自然体になれたのはここ二年くらいです。上海での生活をほんとに楽しめるようになりました。帰国の予定は今のところありません。主人も自分で会社を興しましたので、いつ帰任命令が出るということもありません。おそらく、子供の学校の区切りで動くことになるでしょうね。

❽ CMプロデューサー
齋藤久
Saito, Hisashi

日本の常識は通じない！むしろ中国がグローバルスタンダード

一九七三年四月二七日生まれ　大阪府出身
関西大学英文学科卒業
台湾系CM制作会社
プロデューサー
【上海歴】　二〇〇三年三月〜
【収入】　日本にいた頃より4割減
【休日】　基本的には土日と中国の祝日
【住まい】　2LDK（約六〇平米、家賃三五〇〇元）を台湾の男性ヘアメイクスタイリストとシェア

仕事柄もあるんでしょうけど、僕、すごいいらち（せっかち）な性格なんですよ。今も基本的にはいらちなんだけど、中国に来て変わったのは、開き直りというか諦めることができるようになった。日本では、こだわったらこだわったなりの解答が出てくるけど、こっちであんまりこだわりすぎても結果は出てこないし、スタッフの心も離れて行ってしまう。

開き直れるようになったのは、こっちに来て一

○カ月くらい経ってから。最近のことですよ。最初はね、事あるごとに日本やったらこうじゃないのにと比較して、ストレスが溜まってしまって、ノイローゼにもなりそうで…。上海に来なかったら良かったかなと思ったこともありました（笑）。

僕の仕事は、ＣＭを制作する過程に必要なスタッフであるとかモノをコーディネートしたり、撮影前に企画を立てたり、ロケ地を決めたり、要するにＣＭの撮影がスムーズに行くよう全般をプロデュースしていくこと。日本で放映するためのＣＭを作ることもあるし、上海に進出している日系企業の、中国人をターゲットにしたＣＭを作る場合もある。

日本人は仕事を進めるときに、予防線を張るでしょ。いろんなことに対して、トラブルが起きないようにするじゃないですか。でも、中国人って予防線を張らない。問題が起こってから対応すればいいと思っている。例えばね、ロケ地の撮影許可を取っておくようにスタッフに言うでしょ。日本から監督やらスタッフが来て、明日タレントが上海入りして明後日撮影っていう土壇場になって、「許可がとれない」と言ってくる。事前に何度も確認しているんですよ。僕が念を押すと、中国人スタッフは大丈夫って軽く言う。

「いつになったら分かるんや?」と聞くと、「明日の午前中になったら分かる」と言う。で、その明日の午前中になっても分からないから、「いつや」と聞けば「夕方だ」と答える。夕方になると、今度は「夜だ」と言い、ずるずると。結局ギリになってダメやと分かる。ああ、言わんこっちゃないやんと思う。

あんまりガミガミ言うと彼らのテンションも下がるから、自分の中で予防線を張って対処するようになりました。でもね、いくら予防線を張っててもね、そんなトラブルってあるの？というようなことが起きる。ロケハンの時に使った車がね、冬なのに暖房が効かなかったから、次のロケの時には「暖房が効く車にして」って言うわけですよ。そしたら今度は、暖房は効くけどブレーキの効かない車が来てしまう（笑）。サイドブレーキをガーッッて効かさないと止まらない車なんですよ。

あるいは、「あのタレントはメロンが好きやから、メロンを用意しといて」ってスタッフに頼むでしょ。そうするとメロンは買ってあるけど、果物ナイフもフォークも紙皿も用意していない。どうやって食えっちゅうねん、という話です。そこまで言わんとあかんのか、と頭を抱えたこともあります。

最初の就職活動の時は、安定志向で大きい企業に入りたいと思ってました。百貨店に就職が決まってたんだけど、一年留年してしまってダメになって。それで二回目の就職活動では、自分の好きな方向でやって行きたいと思った。もともと映画が好きで、映像関係の仕事につきたかったから調べてみると、CMのほうが予算も多いし、新しい技術なんかも映画に比べるとどんどん取り入れている。だったらCMの世界のほうが勉強できるかなと思って、CM制作会社に入りました。

プロダクションアシスタントからスタートするんですが、紙コップの数を数えたりとか弁当の発注とか、要するに雑用担当です。人間以下の扱いでね、大学を出て、こんなことやっててえのかなとも思った時期もありました。アシスタントを二年くらいやった後に、プロダクションマネージャーになって、CMの制作費をやりくりする仕事につき、一本の作品の予算を任してもらえるようになったのが三年目でした。

会社には結局五年いました。五年目になった時に生意気なんだけど、今までの仕事に慣れてしまって、仕事がルーティンになり刺激を感じなくなっていた。それと、このまま順当に行けばプロデューサーになるわけだけど、ＣＭプロダクション業界が淘汰されている時代に、自分がプロデューサーになって生き残っていけるのか不安があった。単純にプロデューサーという肩書きだけじゃなくて、例えば、英語が強くて海外の仕事がガンガンできるとか、自分で企画書が書けて演出ができるとか、自分にもうひとつフィルターを設けないと生き残っていけないないと思うようになったんです。

海外のＣＭ業界では、フリーランスが多い。プロデューサーもやっぱりそうで、自分の名前で仕事をしている彼らのようになりたいと思った。日本の業界で五年働いたからＣＭ制作の流れは大体分かった。海外で働けば日本に戻った時に、ほかの人とは違うプロデューサーになれるだろう。そんなことを考えながら海外での仕事を探している時に、今の会社の求人話が耳に入ってきた。今の社長とは、以前に中国ロケで一緒に仕事をしたことがありました。社長は日本語が堪能な台湾人で、二〇〇三年には上海にブランチを作り日系企業をクライアントにしていきたいと考えてて、上海に行ってくれる日本人を探してたんですよ。

チャンスだとは思ったけど、一カ月くらい考えました。海外へ行くという気持ちは固まってたけど、アメリカでもタイでも良かったわけだから、本当に中国でいいのかと。フランスやイタリア、香港、アメリカでも話はあったんですよ。ただ、フリーランスの仕事ばっかりで、このジョブがあるときにその都度来て欲しいというもの。だから自分みたいにずっと日本で会社に守られて、ある種レールに乗っかってきた人間には、いきなりフリーランスができるだろうかと躊躇した。それで、最初は組織に入ったほうがいいと思い、上海に行きたいと台湾人社長に連絡をとったんです。

上海ブランチのスタッフは、僕も含めて七人。日本人は僕一人で、僕の上にいる支社長が台湾人で、経理の女の子も制作もみな上海人。平均年齢は二六、七歳かな。僕は語学学校にも通っていないし、語学のセンスなんてないけど、ある程度中国語はできるようになりますよ。日本語のできる人がいないから、カタコトでも話すしかないし、勉強せざるを得ないでしょ。

前の会社は二〇〇人の社員がいたんですよ。海外でも、プロダクションというとデカくても一〇人くらいの規模なんでね、二〇〇人というとすごい大手なんです。周りのスタッフに守られていたということが、今になって分かる。企画、CG、編集など各セクションがあって、僕は段取りを気にしていれば良かった。だけど、ここには設備もないし、人も足りない。細かいニュアンスも伝えきれないから何でも自分でやるしかない。ビジュアルコンテを作ったり、企画を立てたり、簡単なCGや編集はできるようになりました。日本にいた頃は誰にどの仕事をふるかという手配と、スケジュールやお金の管理だけでよかったけど、今は表現をどうすればもっと良くなるとかクオリティについても深く考えられるようになった。人間って苦境に立たされると、知らないうちに自分で前に進むようになるんだと思います。

怖いのは、全部自分が背負い込みすぎて、プレッシャーに負けてしまうこと。中国人スタッフはトラブルが起きても、僕がなんとかやってくれるだろうと思ってる。責任の感じ方が違って、そこはつらい。仕事は一人でやるものじゃないから、人も育てなきゃいけないし、僕もローカルスタッフに支えてほしいし、ヘルプして欲しい。もともと僕は背負い込む傾向があるんだけど、今はその傾向が強くなっているから、なんとかしないと。今後の課題です。

日本を出る時に、五年頑張ろうと思ってやって来ました。でも、大切なのは時間もさることながら、五年経ってもモノになっていなかったら、上海にいる意味がない。中国のことをもっと勉強して、中国におけるブレーンも見つけて…。自分の名前で仕事ができるようになっていればなぁ、と思っています。五年後ですか？　今のところは日本に帰るつもりはなくて、むしろ、違う国に行きたいと思っています。


中国人ってね、メチャクチャやなぁって思うところもあるけど、仕事を短期間でやってしまうあのスピードはすごい。時間をかけて丁寧に一個一個やってる日本人のものに比べると、でき上がったものは当然クオリティが低いんだけど、要求されていることは最低限消化している。例えば、撮影に使う備品を揃えたり、あるいは小道具を作ったりするとなると、日本人だったら一カ月前から始めることを、中国人は一週間前にならないと始めない、極端な話になると一日前とかね。間際までぶらぶらして、くっちゃべって、チャットやったりしてるんだけど、最後の追い込みたるや、すごい。こっちは、「大丈夫か、間に合うのか」ってハラハラするけど、なんとか帳尻は合っている。そういう土壇場の力はすごいね。

あと、中国に来て感じたのは、日本よりも中国のほうがむしろグローバルスタンダードに近いなってこと。日本とは違う常識があるってことを知っただけでも、上海には来て良かったと思う。それに中国人って個人主義でしょ、中国のCM業界にはフリーランスも多いしね。中国人って一人でも生きていくっていう逞しさがある。僕は温室で育っていたんだと思いますよ。だから、中国人の逞しさって、自分にとってすごく刺激になっています。

❾商品企画デザイナー
瀬戸口明美
Setoguchi, Akemi

上海は夢をかなえてくれる場所 ガッツがあれば必ず道は開く

一九六二年二月八日生まれ　大阪府出身
梅田ビジネス学院マスコミ情報学科卒
Lilli's SHANGHAI
ジャパンチーフデザイナー
【上海歴】　二〇〇〇年九月〜
【収入】　日本で働いていた頃の三分の二程度
【休日】　日曜
【住まい】　2LDK（九〇平米、三〇〇〇元）

上海は、夢をかなえてくれる場所だなぁって思うんですよ。夢は諦めないで語り続けてさえいれば、自然とその方向性が開けていくのではないかなぁって。

もともと編集志望で、最初は大手コンピューター会社で社内報の編集をしていました。そのうち本社機能が東京に移り、私も大阪から東京へ転勤。いろいろと経験を積むうちに編集の仕事がどんどん面白くなり、本当の雑誌の仕事がやりたくなってきたので、東京本社でしばらく働いた後、朝日新聞社広告局が発行する三〇代女性向けタブロイド紙の編集に移りました。結婚後もそのまま仕事は続けていたんですが、バブルがはじけて廃刊になってしまって。編集の仕事を探しましたが、自分の思うようなものも見つからなかったし、好きな仕事ではあるんですが、疲れるし、体力的にしんどかった。それで編集からは遠ざかり、派遣社員になりました。

そうすると忙しかった編集の頃からは考えられないんですが、ぼーっとする時間ができて、自分で考え付いたものを手作りしてみたんです。子供の頃から発明好きな女の子だったんですね。雑誌に投稿してみると、次々にアイデア商品として採用されて、『素敵な奥さん』などの雑誌で何回も紹介されました。たわいのないモノなんだけど、採用されていくうちに自信もついて。意外と私のセンスはイケてるのかなぁって。どんどん楽しくなっていって、自分で商品企画をやりたいという気持ちがメラメラッとわいてきたんです。その頃、商品企画の求人を見つけたので、応募してみたら運良く採用された。

私、面接って結構得意なんです。朝日新聞社のタブロイド紙の時も、商品企画の求人の時も一〇〇人以上面接するなかで、私一人が採用されました。編集と言っても社内報の経験しかないわけだし、商品企画なんてましてや素人でしょう。それでも採用してくれたのは、自分が過去にやった仕事、これから会社に入ったらやりたい企画を面接官にプレゼンしたからで、一生懸命さを買ってくれたんじゃないかと思います。

商品企画の仕事に就いた時は、これぞ天職だと思いましたね。編集ももちろん、楽しかったですよ。芸能人や文化人へインタビューしたり、美味しいもの食べたり、いろんなお店に行ったりとか、ふつうの人ができないようなことを体験できましたし。でも、どこかから情報を得て、取材してそれをみなに伝えるわけでしょう。商品企画は、自分のなかから商品を考え出していくわけで、それがもう楽しくて楽しくて。一生この仕事をやりたいって思ったんですけど、会社の経営者が変わり、辞めざるを得ないことになってしまって。天職だと思っていたから、ほんとにショックでした。

商品企画の仕事をすると、どうしても中国が関係してくる。コストを下げるために中国で製造するでしょう。でも中国の工場に発注すると、なかには縫製が雑なものや汚れている不良品も出てくる。どうもやりとりがうまく行かないって感じでした。以前にシルクロードを旅したこともあって中国好きだったのもありますし、これからは中国の時代と思う気持ちもあって中国語の勉強を始めました。九七年には北京にも短期留学しました。五カ月だけだったので簡単な会話をマスターしただけでしたが、資金もないし、ダンナもいるからそう長くは行けなくて。でも、またいつか中国に行こうという気持ちがあったので、そのために日本語教師の勉強も始めました。日本語教師の資格をとっておけば、中国に行っても食いっぱぐれることはないかなと思って。夜間の日本語教師の学校に通いつつ、昼間は中国に関係のあるコンサルティング会社で働き始めました。

準備は着々と進めていたんですが、二回目の留学を決めるきっかけとなったのは離婚です。三七歳でした。二〇〇〇年六月に離婚を決めて、一切無駄なことにお金を使わないようにして三カ月で三〇万円を貯めました。その三〇万円だけを持って上海に留学したのが九月。すぐに一年分の学費を払い込みました。私が上海を留学先に選んだのは、勤め先のコンサルティング会社から上海でも仕事を回してくれると聞いていたからだったんです。社長の言葉を信じて上海に来たのに、社内のごたごたがあってすぐ

▲居心地のいいシノワズリーな空間には、友人たちがよく集まる

には仕事がなかった。

もう学費を払ってしまって、残りは一〇万円しかない。一〇万円ではいくら上海でも半年しかいられないから、不安でしたよ。毎朝五角のおかゆをすすり、仕事を探さなきゃと思いながら勉強していました。一時間一〇元で日本語を校閲するバイトもしてましたけど、それだけでは生活は苦しかった。そんな時、そう、一一月ですね、大学構内で「日本語教師をやりませんか」と偶然声をかけられて。時給は六〇元。即座にやりますと言って、これで生活が少しラクになりました。

二〇人のクラスを二つ受け持ちました。私、人前で話すのって嫌いだったので、初めて教壇に立ったときは口から心臓が出そうだったんですよ（笑）。日本語教師の勉強をしておいて良かったって、本当に思いました。その後しばらくして、コンサルティング会社からマーケティング調査のアルバイトの話がポーンと入って、翌年の七月まで続けることができました。一気に生活が潤うようになって、安心しました。

でも、マーケティング調査なんてやったこともない。ですから、まず人脈を作らなきゃと思って、上海関係のサイトで努力していろんな人と知り合いになりました。一カ月半で日本人、中国人あわせて三〇人くらいです。その人たちが困っていることをつなげて、誰かを誰かに紹介したりとお手伝いしました。私のほうのマーケティング調査も、そういう人たちに助けてもらいながら、どうにかこうにか続けました。この時の経験があとで仕事に役立っていくんです。

二〇〇二年一月まで留学しましたが、中国語はあんまり伸びないし、もう勉強はこれ以上いいやと思い、就職活動を始めました。ほんとは商品企画をやりたかったんですけど、全然ツテもない。人材紹介会社に登録しても、上海で商品企画というのは募集がない。個人的に、知り合いのアパレル系の人に自分の商品を売り込んだりもしてみたんですが、仕事には結びつきませんでした。それで、経験のある邦字誌の編集部に入りました。

日本に帰るという選択肢ですか？　どうして？　そんなことは考えもしなかった。だって、上海に来ると決めた時点で語学の勉強が終わったら上海で働くつもりだったんですから。日本に帰ってもね、私の年齢と経験で、編集の仕事が見つかるわけがない。ましてや商品企画の仕事なんてムリ。日本で自分の好きな仕事をするのは難しいということがよく分かっていました。それに離婚したから東京に戻るつもりもなかったし、実家の奈良にいてもしょうがないし、以前働いた大阪だってもう土地勘もないから、日本に帰る場所がない。邦字誌の編集であろうと仕事が見つかったわけですから、帰ることなんてまるっきり考えていませんでした。

邦字誌の編集の仕事では、マーケティング調査で街を歩いていたことが、ほんとに役に立ちました。それなりに楽しく仕事はしていたんですけど、心のどこかで本当にやりたい仕事はこれじゃないんだよなって思っていました。その頃、今勤めている、ジュエリー&シノワズリーグッズの店「Lilli's SHANGHAI」を誌面で取り上げることになって。アルバイトの子が取材をしたんですが、情報に漏れがあって私が確認の電話をしなければならなくなった。お店のオーナーでデザイナーのリリー・マキンソンさんと電話で話しているうちに、リリーさんが「働いてくれる人を探しているんだけど」って言ったんですよ。以前から、いいお店だなと思っていたので、即座に「私ではダメですか」と。

中国のアンティーク布などを使ったクマのぬいぐるみなどを留学中から作り続けていたし、それ以外にも今まで作ったものがたくさんあった。それらを抱えて、すぐに面接に行きましたよ。

今は、クマのぬいぐるみや犬の洋服、バッグなど小物のデザインなどをしています。クマのぬいぐるみについては教室で教えてもいますし、店頭に立って販売の仕事もしています。商品のアイデアがね、どんどん湧いてくるんです。リリーさんには、「あなた、ノンストップね」と言われるくらい。だけど、自分にはさほどの経験があるわけではないので、例えばバッグをデザインしても表地がこれだったら裏地はどんなものがいいとか、芯はどんなものを入れるとか、知識が全然ない。自分の思い描いたデザインを実際に形にする時にはどうすればいいとか、同僚の中国人デザイナーに教わったりして勉強中です。

リリーさんは日本人とスイス人のハーフなんですけど、センスがずば抜けた人。お店は上海在住の外国人やお金持ちの中国人にとても人気があって、日本の女性誌でも何度も紹介されています。とてもポジティブな人で、ネガティブなことは全然言わない。私が出したどんなデザイン、アイデアに対しても、「これはダメね」とは言わない。「こうしたらもっといいわよ」とか、前向きに答えてくれる。私のアイデアにセンスを加えてもらっているという感じかな。こんなやりやすい職場はないって思っています。

お店は工房とつながっているので、出来上がったものを一つぽんと置くと、お客さんからの反応がすぐ目の前で見られます。日本にいたときはメーカーでの商品企画だったので、消費者は遠いところにありましたから、そういう意味でも楽しいですね。


つまずいたり、失敗もあります。でもそういう時にも、私、マイナスに考えないようにしています。二度と同じ失敗をしないようにするにはどうすればよいかを考え、教訓にする。もしかしたら、この経験がなければもっと大きな失敗をしたかもしれないですから。何でも無駄なことってないですもの。マーケティング調査のアルバイトをしたことも、上海の邦字誌で働いたことも、今の仕事には役立っていると思うし、瑣末なことで言えば、道を間違えたりバスを乗り間違えたりしたとしても、間違えたからこそ新しいお店を発見したり、面白いものを見つけて楽しい気分になったりするものでしょう。

上海は夢をかなえてくれる場所だと思うんです。マーケティング調査なんてやったこともないし、人前でものを教えるなんていうのも初めてで、未経験のことばかりでした。こんなに何もできない一女性であっても、ガッツがあれば上海では道が開けるんですから。ほら、私は崖っぷちだから、後ろがないから進むしかないでしょう、前にしか道はない。でも、上海では前にいっぱい道が見えるんですよ。あと、いい人脈のおかげもありますね。だから、夢がある人は諦めないで語り続けること、そしていい人脈づくりをしてください。

アイデアを商品にするという夢が、ひとまず叶いました。このまま商品企画の分野で経験を積んで、デザインや製造に関わることが勉強できていければと思っています。今はまだ素人っていうかゼロだから、経験を積んでプロフェッショナルになっていきたいと思っています。

⑩ 雑誌マーケティングディレクター

板屋美幸

Itaya, Miyuki

上海の楽しさはライブ感。手応えが実感できる！それがたまらない

一九七一年三月一五日生まれ　北海道出身
藤女子大学英文学科卒
上海経済社広告有限公司ディレクター
【上海歴】一九九七年九月～
【収入】日本で働いていた頃の三分の二
【休日】基本的に土日
【住まい】3LDK（約一〇〇平米）に上海の友人とルームシェア

中国って居心地いいですよ。コミュニケーションがシンプルだから。日本にいた頃はスチュワーデスをしていたので慇懃すぎるくらいだった。職業病ですね。それが中国では、私はこれがしたい、今こういう助けが欲しいんだってストレートに言うでしょ。言わないと伝わらないですし。謙譲や遠慮深さは日本人の美徳として素晴らしいことだし、忘れてはいけないと思っていますけど、それが中国社会では全く役に立たない（笑）。遠慮な

んてマイナス要素で、友人関係においては罪悪にもなる。遠慮しすぎると、「私のこと、そんな（遠慮する対象）くらいにしか思っていないの？」って怒り出しますから。いったん身内と思えば、とことん助けてくれる。ここまでしてくれるのっていうくらいに。懐も深い。日本のような形式ばったところがなくて、そこがとても居心地いいんです。

スチュワーデスになったのは、いろんな人、いろんな世界を見られる仕事がしたかったからなんですけど、そのうちにテレビ業界へ興味を持ち始めて、テレビ業界の方たちの勉強会に参加するようになりました。その勉強会で中国の話を聞いたことが、上海へ渡るそもそもの始まりです。

しばらくして上海へ旅行しました。九六年春でした。来てみて、「ここだ！」と思いましたね。上海はこれから伸びていく都市だし、面白そうだ、留学しようと。夏くらいからＮＨＫの中国語講座を始めて、テキストを買いに行った東方書店で「第二五回日中友好協会交換留学生募集」という張り紙を見つけて。試験を受けて合格すればただで留学できるとあったので、受けてみたらとんとん拍子で合格したんです。これで、一年間タダで勉強できると思ってＪＡＬを辞め、留学するまでの四カ月間は番組制作会社でバイトしました。その時は二年くらい留学した後、日本に戻ってテレビ業界で働きたいなと思っていたんですが、いつの間にかこんなことになっちゃいました（笑）。

留学は国費で一年、もう一年は自費です。留学前に、上海テレビ局の番組「中日の橋」のキャスター、呉四海さんの記事を見つけたんですね。すぐに、日本から呉さんに手紙を書きました。「上海のテレビ業界のことを知りたいので、アルバイトをさせて下さい」って（笑）。返事は来なかったんですが、上

海に着いてすぐにテレビ局に電話すると、
「手紙は見ましたよ。じゃ、明日テレビ局に来て下さい」
と呉さんが言ってくれて、アルバイトが始まりました。アルバイトと言ってもインターンシップのようなもので、バス代とお弁当が渡されるだけでしたけど、ここで二年間アルバイトしたおかげで中国語が飛躍的に伸びました。留学といっても語学留学の場合、午前中しか授業はないですからね。学校だけでなく、すぐに中国社会に飛び込んだのが中国語力アップにつながったんだと思います。

上海テレビ局でのアルバイトと並行して、CM制作会社でバイトをしたりして、九九年からフリーの撮影コーディネーターとして動き出しました。フリーとしての最初の仕事はNHKで、次が日本テレビの「ウリナリ」という番組です。半年間にわたってロケがありました。ビビアン・スーの妹を選ぶという企画だったんですけど、オーディションをやりつつロケをやったことで、ロケのイロハを勉強させてもらったし、中国でロケをすることの大変さが分かりました。ロケの許可は簡単に下りないし、オーディションに人が集まらないから街に女の子を探しに行ったりと、本当にいろいろありました。中国ですから、思う通りにいかないこともありますけど、そのおかげで瞬時の判断力が身につきました。できることとできないこと、中国でやっていいこととダメなこと、そのへんの感覚も分かるようになった。困った時に助けてくれる中国人の仲間ができたことも、このロケのおかげです。その後は、一度仕事をした方からの紹介、そのまた紹介という形で仕事が入るようになりました。

コーディネーターの仕事って、サービス業だと思うんです。段取りとか手際の良さが必要なので、ス

▲日中合作映画「スパイゾルゲ」での撮影現場。中国側プロデューサーと

チュワーデスの時の経験が生きているのかも知れません。ツラくても笑顔で、とか（笑）。

取材とか撮影の世界でコーディネーターとしてやっていこうと思っても、私が日本人である以上、いくら中国語がうまくて中国人に似ていたとしても、中国人の助けなしには動けない。中国人の友人たちに何回も助けられて、人脈がこの上海ではほんとに大切だと感じています。人脈って作ることも大事ですが、人脈をつなげていくためのフォローこそ大切だと思っています。私はお金で返すということは好きではないのでしませんが、お世話になったらご馳走したり、特に用がなくても普段から電話して近況を伝え合ったり、仕事を回すとか…。してもらったことは、それだけのものを態度で返さなければと思っているので。日本人は「ありがとう」と一言ですませてしまうことが多いですけど、ここではそれは通用しません。

番組撮影のほかに広告撮影のコーディネーターもするようになり、仕事の幅が広がりました。一時期、音楽周辺ビジネスの会社に籍を置いたこともあって、上海事務所の立ち上げやコンサートプロモーションなどもやりました。これも大きな意味でのコーディネーションですね。しばらくして、香港オフィスへ行ってほしいと言われ転勤したんですけど、半年後に会社が傾き始めたのもあって辞めました。いろいろなことが重なって、精神的にも体力的にも疲れちゃって。骨休めにいったん帰国しようと、荷物をすべて日本に送りました。でも、お世話になった上海の人たちには挨拶をしなきゃと思って、香港から上海に立ち寄ったんです。それが、二〇〇二年四月。上海には立ち寄っただけのつもりが、篠田正浩監督の映画「スパイゾルゲ」の仕事がポンと入り、またしばらくしたら、雑誌の撮影の仕事が入って、「これは、私に上海にいろってことかな?」と。そうこうするうちに、上海に戻っていましたね(笑)。

SARSの影響も収まって、仕事が動き出した頃、今度は日本の雑誌の中国版を出すというプロジェクトがあるから一緒にやってみないかと声がかかりました。私のコミュニケーション能力を買って頂いたんだと思います。日本のコンテンツを中国に持ってきて広めていくというのは、コーディネートの仕事とある種通じるところがあって、興味のある分野でした。一つのメディアを作り、新しいブランドを業界内で浸透させていく仕事はやりがいがありそうだなと思って、やらせて頂くことにしました。

媒体は、日本の美容専門誌の『PREPPY』で、中国では『PREPPY絲路』という名前で発行しています。社内では編集部とマーケティング部を統括し掌握していくという立場です。この雑誌は美容師さんがターゲットで、書店や新聞雑誌スタンドでの一般販売ではなく、販路をイチから構築していかなければならないので、今はマーケティングに比重を置いています。

美容マーケットって、とても将来性があるんです。上海だけでも美容室は一万五〇〇〇軒あって、今後五年以内に二倍になると言われているほど、爆発的に伸びている。そのわりにメディアの質は高くなくて、広告雑誌みたいなものが多い。ヘア専門誌は五、六誌ありますが、ほとんどコンペティター（競争相手）がいないという状況で、そこに我々は勝算があるなと。ただ、業界の実態や仕組みを良く知りませんでしたから、美容師さんや大手ヘアケア商品のメーカーなどを訪ねて、情報を収集していきました。

メーカーと組んでのプロモーションや、美髪関係の展示会への出展活動をすると同時に、全国各地に代理店ネットワークを作ろうと動いているところです。今、上海、北京、広州、西安、ウルムチ、成都、ハルビン、昆明など二〇都市以上の代理店と契約が済んでいて、ネットワークは順調に広がっています。

他誌が大体三〇元程度なのに対して、『ＰＲＥＰＰＹ絲路』は三倍近くの値段。ディーラーからは、雑誌が高くて売りにくいなど不満もぶつけられて、時々弱気になったりもします。やはり高すぎるのかなとか、プライドを持つことは大切だけど、あまりにもお高くとまりすぎると誰も振り向いてくれなくなるのかなとか。そういう時、「広告が多すぎず、内容がいいから取引させてください」という話が来ると、いっぺんに元気になる。競合他社がどんな安く売ったとしても、値段が高くても、売れるコンテンツは売れるということ。いいものは売れるし、ニーズがある。海賊版が出てくる恐さもありますけど、だからこそ、海賊版が出てくる前にサーキュレーション（発行部数）を上げ、なるべく早く知名度を上げることが必要だと思っています。

当初の国内三〇カ所に代理店を設けるという目標は達成できそうで、知名度が上がっているという手ごたえを感じています。中国の美容師さんは日本以上に移動が激しいんですが、その美容師ネットワークでもクチコミで広がっているようなんです。それと意外にも地方での伸びがいい。中国の巨大なマーケットのなかでも、沿岸部は確かに影響力が大きいし動いていると思うんですけど、沿岸部にはある程度情報が入ってきていて、それぞれ自分の情報ソースもルートも持っている。そういった意味では、例えば成都とか西安とか南京のような地方都市は情報がまだ少ない分、貴重がられていて反応がいい。内陸部は情報産業にとって大きなマーケットですね。

番組撮影や広告撮影のコーディネーターのほうは、休日など仕事に支障がない範囲で続けています。撮影のコーディネートはある程度こういうものが撮りたいというオファーがあって、それに対して現場に落とし込みをしていく。テレビで言うと、いかにディレクターが撮りたいものを形にしていくか、という仕事です。ワンショットで完結していき、いいものが撮れた時に喜びを感じます。それに対して、『PREPPY絲路』は長い目で育てていく仕事です。どちらも面白い。両方にかかわれるのがちょうどバランスとしてもいいかも。

上海には、まだしばらくいると思いますよ。『PREPPY絲路』のブランド確立が私の今の目標になっていますから。

『PREPPY絲路』だけでなく、日本のコンテンツを中国に持ってくるという仕事にはこれからもかかわっていきたい。それから、すごく漠然としているんですけど、上海の女性たち、中国の女性たちを対象にした仕事をしたいなとも思っています。女性に関するマーケティングであるとか、女性のメディアであるとか…。上海の女性って魅力的だと思うんですよ。友人たちを見ていてもそう思います。今、上海女性の友人が買ったマンションで、彼女とルームシェアをしているんですよ。私は家賃として二五〇〇元を彼女に払っていて、彼女はその分をローンに回す。賢いでしょう。その彼女ね、二五歳ですけどPR会社を経営していて、もうすぐレストランバーもオープンさせるんですよ。バイタリティがあるし、いい意味でのしたたかさや強さを持っている。自分の付加価値をすごく真剣に考えるところなんて、本当にたいしたもの。見ていて、面白いです。そんな彼女たちと仕事上でつき合っていきたいというのも一つだし、彼女たちが求めているものを提供できたらいいなとも思っています。

上海から離れられないのはどうしてでしょうね。ありがちな答えだと思うんですけど、上海にいるとワクワクしちゃうんですよね。なんかできるんじゃないかって思っちゃう。上海にいる楽しさってライブ感だと思うんです。実際に見て、肌で感じて、手で触ってるという実感を、仕事をしながら感じます。そこがたまらない、中毒のような感じですね。苦労はするんだけど、手ごたえがある。だから、やめられない。

上海という街にしても上海人にしてもね、すごく手間がかかって、時々君にはイヤになるよって思うんだけど、でも可愛いなって最後は思ってしまう仲の良い友達のような存在なんです。だから、言い方がいいかどうか分からないけど、腐れ縁のようなもの。ここまで一緒に頑張ってきたから、もっともっと頑張ろうよというのもあります。それと、まだ、ここでやり切ったという達成感を感じていないから、しばらくは上海で頑張ろうと思っています。

⑪シュークリーム店経営
吉田綾子
Yoshida, Ayako

二〇代でも仕事のチャンスがある。変化も競争も激しい上海で生き抜く

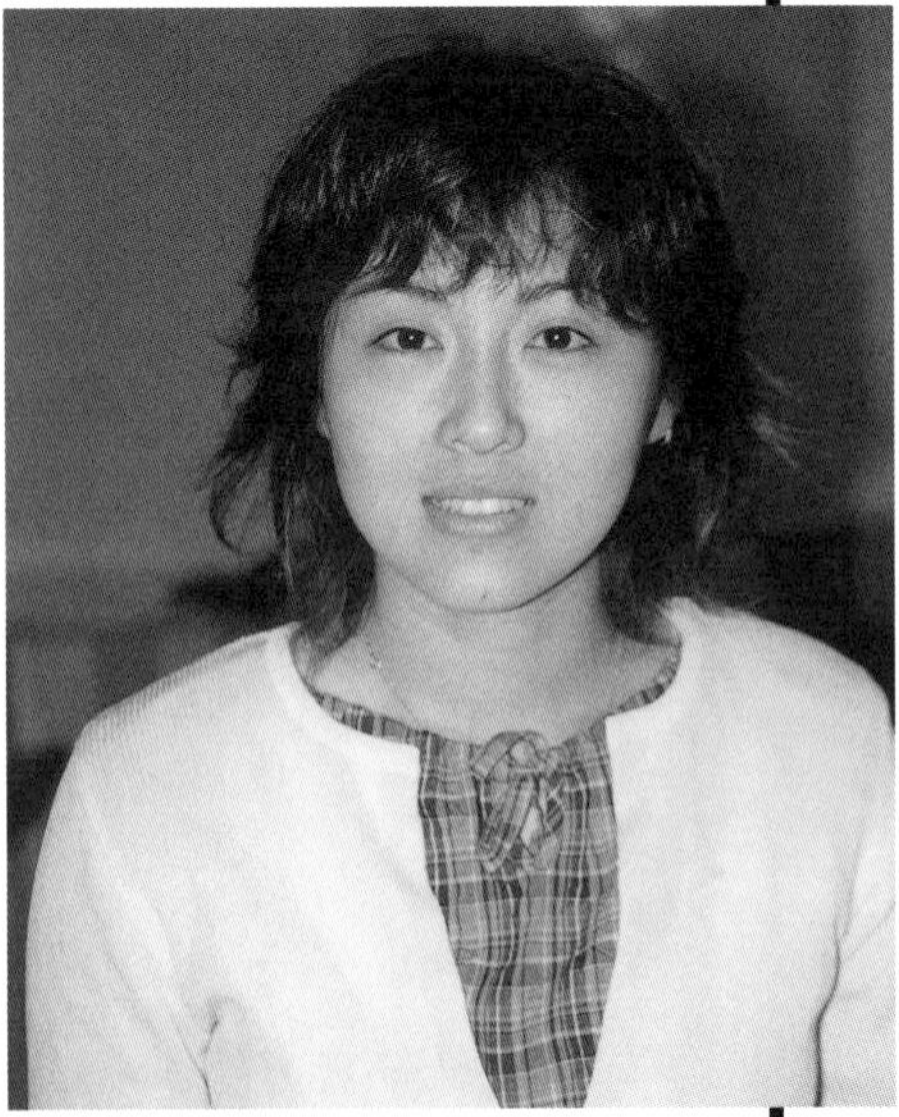

一九七四年二月二九日生まれ　大阪府出身
桃山学院大学英米学科卒
上海柯比努西点坊（Sweet Factory）経営
【上海歴】　二〇〇二年五月〜
【収入】　月収約五〇〇〇元
【休日】　なし
【住まい】　2LDK（六〇平米、二五〇〇元）

上海に「聯華」って、大きなスーパーがあるじゃないですか。その名前をひっくり返した「華聯」というのもあるでしょう。初めは、こんな単純な名前でよく商売してるなぁて思ってたんですけど、「華聯」もイケてて人が入っているの。流行ってるものをパクるって日本でもありますけど、日本人の場合は一生懸命考えて、パクりながらもちょっと違う名前をつける。でも、こっちはすごく単純な発想です。「上海人家」というレストラ

ンが流行れば、〇〇人家という名のレストランが次々に出てくる。恥ずかしくないの、プライドがないのって思ったこともあったけど、物事をシンプルにとらえてるんですよね。そう考えると、私はいつも自分の中でいろんなことを難しく考えすぎていたんじゃないかって。何かやろうと思っても、こんな問題がある、あれも問題だ、やっぱりやめたほうがいいって思っていた。

日本人の緻密さも大事です。でも、上海のシンプルさもいい。パクりがいいと言っているわけではなくて、プライドだなんだって言って何もしない人よりも、パクってでも成功している人のほうが生き生きしている気がする。人生は何もしないよりはしたほうがいいっていう感覚が、今の私にはあるんです。

大学を卒業してOLを一年やって、その後、台湾系の貿易会社に転職しました。責任も持たされて中国や韓国、台湾を飛び回ってたんですけど、忙しかったことや会社の方針に疑問を感じたりとかいろいろあって会社を辞めて、フリーで貿易の仕事を始めました。

上海の人たちって、あれが儲かるなとか、こんな商売はどうだとか、いつもそんな話をしてるでしょう。上海へ出張で通ううちに、刺激を受けて私も上海で何かやりたいって思うようになったんです。教育産業にも興味はありましたけど、許認可がとりにくい。だったら大阪出身で食べることも大好きだったのと、上海は街が発展してきてるわりには、食のバラエティーさが欠けてるから食べ物がいいなと。ちょうどその頃、シュークリームとプリンで有名な大阪の洋菓子店社長を紹介されて。この出会いが大きかった。上海にはまだ本格的なシュークリーム屋さんがなかったので、これだ！と思いました。

早速、この洋菓子店で修行を始めました。自己資金もありましたけど、同時に出資者も探したんですよ、そしたらすぐに貿易のお客さんから出資してやろうって言われました。嬉しかったですよ、だけど、数百万円を借金するわけでしょう。サラリーマン気分が抜けていないから、不安でした。金額の大きさ以上に、本当に自分はやりたいのか、これでいいのかと二週間悩んだんです。

私ね、子供の頃いじめられっ子で、体が弱かったのもあるんですけど、すごく内向的な子だったんです。思考回路は常に、マイナス思考。「私なんて…」と「もしも○○だったら」っていうのが口癖でした。高校に入って、少しずつ友達もできてきて変わり始めたんですけど、何に対しても中途半端だった。

でも、そんな自分がイヤだったし、こんなチャンスは滅多にない。失敗したら、出資してくれた人の会社で働けばいいと思って、今しかない、やってみようって思ったんです。

最初から何がやりたいって決まっている人って、そう多くないと思うんですよ。でも、流されるというか、流れに乗ることも大切だと思う。流されながらも動いてさえいれば、何かしら道が見えてくる、私だってそうやったし。人より賢かったわけでも特に手に職があったわけでもなく、お金があったわけでもない、ほんま普通の人間やったけれど、こっちに来ることによって、もまれて変わった。留学生の子たちの中にも、上海に来たら違う自分になれるかもって思ってくる子が多いんですよ。でも、来るだけじゃ変わらない。上海に来て、自分がどこまで変わりたいと思って、動けるかだと思うんです。

洋菓子店では半年間、シュークリームやプリンの製造、品質管理などを勉強しました。修行なのでもちろん無給です。合間を縫って、日本と上海を行き来して貿易の仕事を続けながら、店舗探しをしたり、営業申請などの手続きをしたりとお店をオープンする準備を進めました。営業ライセンスの許可が下り

▲ガッツとやる気で、上海初のシュークリーム店をオープンさせた

るのに予想以上に時間がかかって開店が遅れたり、いろいろありましたけど、一番大変だったのは、肝心のシュークリームが思い通りの味にならなかったことですね。

中国製のオーブンで試したんですけど、シューが膨らまないし、味も違う。初めはオーブン屋の倉庫で試し、ダメだと分かると、営業マンが自社製品を卸しているパン屋やホテルに行こうと言う。そのたびごとに卵や小麦粉を持って行って試作しました。営業マンが熱心なんですよ、パン屋さんに行くでしょう、見ているだけじゃなくて、自分も粉まみれになりながらシュークリーム作りに参加するんです。こっちの人って仕事やからって割り切らないで、楽しむんだなって思いました。

四軒で焼いてみたけど、うまく行かない。どうしようもなくて、日本のパン屋さん「Ｐａｏ'ｓ」さんに飛び込みました。面識もない私に対して、中国製オーブンではムリなこと、材料の品質の問題など、とても親切にずばりポイントを教えて下さって。あの時のアドバイスがなければ、店を開店することはできなかったと思います。結局、中国製の五倍はする日本製のオーブンを輸入することになりました。

中国に来たんだから、中国社会に溶け込むことは心がけるべきです。でも、上海の日本人ネットワークも大事だなと思いますね。上海にいるのに日本人とつるむなんてナンセンスって、初めは思ってましたけどね。中国人が持ってない情報を持っていたり、細かいところに気づくのはやっぱり日本人ならでは。海外にいるから日本人とはつき合わないっていう型にはめた考え方も、ナンセンスなんですよね。中国の方だけでなく、日本の方たちに助けてもらったから、ここまでやってこれたと思ってます。

今は、中国語と英語を使って働いてます。貿易の仕事をしてた時は、中国や台湾、韓国へ出張しても、みなさん、日本語が話せるから、日本語で通してました。だから、上海でお店をやると言っても、中国語も全然話せなかったんです。最初は通訳さんがいたんですけど、いつも通訳がいるわけじゃありません。工場でシュークリームを作っていれば、卵屋さんも来るし、牛乳屋さんも来る。こっちの人って、私が分かっていようがいまいがお構いなしにどんどん喋ってくるし、分からないと思ったら紙に書いてくれたり。そのお構いなしが良かったんでしょうね、鬱陶しいと思うこともありましたけど（笑）、おかげで中国語もずいぶん分かるようになりました。

ＯＬだった頃はブランド物も欲しかったし、格好をいつも気にしてた。変なプライドもあって、人を肩書きで見ていたところもあるし、取引先も大手がいいと思ってた。でも、中国のいろんな人とつき合うようになって、表面的なことを気にしてる自分が恥ずかしくなっていきました。

店をオープンする時に、三年は頑張ろうと決めてました。それでも、落ち込んだことは何度もあります。中国人スタッフの教育・管理という点では、痛い目にも遭いました。

彼らは基本的にお金で動くじゃないですか。スタッフが不正をした時、どう対処するかは大きな問題です。例えば、Aさんは取引先からリベートを受け取っているけど、売上げが三〇〇〇万円ある。かたや真面目なBさんは、不正なんて一切しないけれど五〇〇万円しか稼ぎません。どっちがいいかと言ったら、道徳的に考えればAさんは絶対ダメ、クビですよね。でも、この国独特の風潮を考えた時、Aさんをも生かしていくことを考えないといけない。

こんなふうに言うのは、私も経験してるからなんです。一番信頼していたスタッフが不正を働いていたことを知った時には、それはショックでしたよ。優秀な子でよく働く、私の右腕でした。彼女を切るかどうか、かなり悩みました。でも、彼女をクビにして私はやっていけるかと考えたら、ムリだった。今も彼女は働いています。彼女がお金を取るようなら、どんどん仕事量を増やして売上げをアップさせる、そんなふうに考えてます。彼女に頼りすぎてたことも反省して、二番手、三番手も育てているし、私が目を光らせてることを分からせるようにしています。中国の人ってプライドが高いから、叱ったりするときは個別に部屋に呼んで注意もしますけど、彼女に対してだけは皆の前で叱ります。スタッフの中でも彼女は優秀だからボス的存在なんですよ、私が甘い顔をしていたら、彼女も調子に乗るし、ほかのスタッフも彼女の言うことを聞くようになるし、誰が老板《ラオバン》（経営者）なのか分からなくなりますから。

偽札対策にも、悩みました。自分のお金じゃないと思うから、スタッフは偽札かどうか確認もせずにお金を受け取る。私が銀行に売上げを持って行って初めて偽札が混じっているのが分かる。それで、それぞれに責任を与えようと、売上げはスタッフが銀行まで持って行くようにしました。五〇元の偽札を受け取れば、それぞれの給料から五〇元を引くと決めたら、問題は解決しました。

OLをしてた時は、考えたこともなかったことばかりです。偽札なんてね、ドラマの世界だけだと思ってました。小さな話ですけど、芽が小さいうちに何とかしておかないと、足元をすくわれますから。

以前は朝四時から工場に入ってましたけど、任せるところは任せようと思って、今は朝六時に工場に入ります。午前中は品質チェックと、各店舗への商品搬入。午後は販売指導をしたり、外部の方と打ち合わせをしたりして。店は夜一〇時まで開いてますけど、私は六時か七時には上がるようにしています。

二〇〇二年八月に店がオープンしましたが、日本製のオーブンを買わなきゃいけなくなった時と、SARSの時は、資金ショートを起こすかも知れないと不安になりました。何とかやっていけるかなと思えるようになったのは、今年の春くらいからです。製造するのは、一日三〇〇個から四〇〇個。六月には、上海で一番新しい「久光デパート」からオファーがあって三店舗目を出しました。日本や香港のデザート系のお店もいっぱい出てて、上海初のデパ地下ですね。そのほか日本食品店など五店舗に卸しています。夏にはこちらもお話を頂いて、日系マンションにコーヒーショップをオープンする予定です。

上海では年齢や性別での差別があまりないので、二〇代である私にも仕事のチャンスを見出してくれる。働きやすい場所だと思いますし、有難いことだと思います。でも、差別がない分だけ競争も激しくて、生半可な気持ちで始めれば、こてんぱんにやっつけられますね。

今の私の月給は、五〇〇〇元くらい。上海は物価も安いので贅沢しなければ生活できます。私の給料を上げることはできますけど、それなら設備投資に回したい。上海は変化が激しいから、チャンスも突然やって来るんです。そんな時、すぐに投資ができるようにしておきたいと思って。

五月からは、ケーキも始めました。シュークリーム以外の日本の美味しい洋菓子を上海に広めたいと思っていたら、日本で活躍するパティシエの吉川知志さんから一緒に展開しないかという話を頂いたんです。毎月、上海に来て下さっています。共同経営のパートナーができて、夢を語っているだけじゃダメだからと一年後、二年後、三年後の目標を明確に設定しました。まずは、今年中に売上げを倍にしたい。日本人のお子さん相手や中国人の方たちを相手にしたデザート教室をやってみたいなとか、まだまだやりたいことはいっぱいあります。それと、日本でも挑戦してみたい。ここで経験したことやコネクションを持って、日本にはあるけど上海にはなかったシュークリームを持ってきたように、上海にはあるけど日本にはないものを持っていけないかなぁなんて考えてるんです。

つらいことがいっぱいあるからこそ、ちょっといいことがあると嬉しい。私、ここで何をやってんのやろうって思うこともあるし、こんなに苦しい思いをして頑張らなくてもOLのままで良かったんやないかと思うこともあります。でも、具合の悪い時にそっと薬をくれたりするスタッフの優しさが、すごく嬉しかったり、彼女たちに影響を与えているんだなと思うとやる気も出ます。私に会うことがなければシュークリームなんて知らんかったやろし、日本人とも話すこともなかったかもしれないですからね。責任は重いですけど、人に影響を与えていけるって嬉しいことですよね、私もいろんな人に影響を与えてもらったから、人にも影響与えていけるようになりたいと思ってるんです。

⑫イベント会社経営
橋本徹也
Hashimoto, Tetsuya

自分らは助っ人。日本人の誇りを持ってやらなあかんのです

一九七三年二月二五日生まれ　大阪府出身
上海外国語大学国際貿易ビジネス課終了
上海奥金廣告傳播有限公司　上海同生商務発展有限公司
総経理（社長）
【上海歴】一九九三年四月〜
【休日】基本的には土日
【住まい】旧日本人街にあるマンション（持ち家）に、妻と二歳の娘の三人暮らし。

ライターさんですか？　ものを伝える仕事っていいですよね。僕はPRや展示会を含めた店頭イベントなどを専門に広告会社をやってるんですけど、ものを伝えて人を楽しくするのが好きやからなんです。

一九九三年に上海に来たんで、丸一二年になります。高校を卒業して大阪の物流会社に入りましたけど、学歴社会の壁を感じてた時に、高校時代の友達が、「オレ、中国へ留学するねん。それで、

中国語の勉強を始めたんや」って聞いて、カッコいいな、オレも行きたいと思った。

国際情報アカデミーという日本の業者の斡旋で、上海外国語大学に留学しました。二年間は中国語を勉強して、あとの二年で中国の法律とか会計、貿易会話なんかを勉強するっていう学科です。外国人向けのクラスで、僕はその一期生でした。入学した時は二四人でしたけど、中国が合わなかったりして半分くらいは途中で帰国してます。僕も出席日数が足りなくて二年生は二回やりました。

「いくら中国語が喋れても、漢字が書けなかったらダメ。しっかり勉強しなさい、そうじゃないんなら学校を辞めなさい」

と、先生に言われて。四年の課程は終了したんですが、卒業はしてません。当時でＨＳＫ（漢語水平考試）の六級を取らなあかんかったんですけど、それがとれなかった。努力不足だったということです。


あんまり勉強はしませんでしたけど、日本人、中国人の仲間がいっぱいできました。今は上海にも遊ぶところがありますけど、昔はディスコくらいしかなかった。せっかく中国におるんやから中国人とも交流しいと思って、パーティを半年に一回は企画してました。毎回五、六〇〇人くらい集まったかなぁ。パーティも楽しかったですけど、毎日をもっと楽しみたかったし、いろんな人とも知り合いたかった。二年生が終わる頃から、そんなふうに思うようになって。楽しめて、いろんな人と知り合える場所はどこだと考えると、夜の世界しかない。日本人が上海に店を作ろうと思っても、当時は日本語を喋れる中国人は今みたいにいなかった。それで、中国語が分かる留学生が駆り出されたんです。カラオケ、バー、レストラン…、三年くらいの間に二〇軒くらいの店にかかわりました。店の立ち上げだけを手伝ったところもあるし、店長をやった店もある。ギャラですか？　ありませんよ、その代わり日本食を食べさせてもらってました。

そのうちに、小室（哲哉）さんプロデュースのディスコ「ロジャム」ができることになって。当時、相当話題になりました、オープンは九八年一二月。大学の後輩がそこのDJをやることになり、上海で店をやるために必要なことを教えてやった。コップやお箸はどこで買う、ウィスキーはどこで仕入れるとか…。後輩が、僕が教えた情報をまとめて持っていったら、この情報は誰のものだ、よく知っとるやないかってことになって、店長にならへんかって誘われました。大学を出て、一年後くらいです。

「ロジャム」は小室さん側の日本と中国側の合弁で、僕は中国側のほうに雇われていた。その形態が途中でおかしくなって、半年くらい経った頃には契約が終了するやろから準備しとけって言われました。「ロジャム」では企業のイベントもよく行なわれていて、僕はその管理・運営もかかわっていたのでその延長でイベント会社をやろうと。資金は、夏休みとか帰国するたびにバイトして貯めた金や上海で働いた金をあてて、会社の名義は長くつきあってきた中国人の友達の弟から借りました。いろんなアルバイトをするなかで中国人弁護士の友達もできていたんで、名義関係については今後もめたりすることのないようにきっちりとした契約書を作ってもらいました。

「ロジャム」つながりで仕事は来ましたけど、それだけしかないので、新たに営業するしかない。橋本イコール夜というイメージが強くて、それを消したくて頑張りました。日系のイベント会社には勝てない、だったらローカル企業を相手にしようと思った。日系の会社がプロモーションをやるのと、中国

▲しっかり者の北京出身の妻との間の愛娘。新しい家族、長男ももうすぐ加わる

系の会社がやるのとでは盛り上がり方が違うんですよ。日本人から見ると中国系プロモーションってダサい、だけど消費者は盛り上がってる。中国人はどこに面白さを感じるんやろ、何に笑うんやろ、それが知りたかった。中国人のことを知りたかったし、パワーのあるローカル企業のやり方というのを知りたかった。大手家電メーカーや煙草会社など、一年半くらいはローカル企業を中心に仕事をしました。

いやぁ、勉強になりました（笑）。見積もりなんて出させてもらえません、この値段でやれと言われるだけです。中国企業は金にシビアですからね。例えばA社から、ビラ配り八時間の人間一人につき三〇元と言われる。三〇元でも安いんですよ、充分に。それが社内でいろんな部署の許可を得るうちにどんどん下がって、最終的には二〇元になってる。おまけに、支払いは半年後。今でも売掛金が三〇〇万円くらいあります。

自分が甘かったんです。あとから同じ業界の友達に聞いて回ると、A社は値切るうえに支払いが悪いっていうんで有名だった。それからはどの会社と仕事するにしても、きっちり契約書を交わすようになった。日本では騙すより騙されるほうがいいっていう美徳でしょ。こっちでは騙されるのは、アホですからね。

金は入って来ないし、頑張っても頑張っても評価されない状態が続いて、つらかった。そんな時に、日系の中小企業の人たちから応援してもらいました。「大丈夫か、生きてるか?」っていつも気にかけてくれ、仕事をもらいました。そういったクライアントが今度は大手企業を紹介してくれたりして。いつか日系の大企業の仕事もやりたいっていう夢も叶って、今では大手の仕事が年間を通して入るようになりました。比率的には日系クライアントの仕事が九割、ローカル系が一割というところです。

ローカル系の仕事をやったからこその強みがあります。高いレベルで要求されたらムリですけど、中国人消費者の心をつかむっていう面では自信を持ってます。日系企業でプレゼンをすると、「泥臭いね。そんなベタベタでは面白くないでしょ」って言われます。でも、そのベタベタが大事なんですよ。例えばね、食品用保存ラップ。素材がどうだとか、難しいことを説明しても消費者は分からない。「今までの(競合)商品は間違っています。なぜかと言うと、レンジにかけたら有毒物質を出すからで、体にすごく悪いからです」と。分かりやすさが大事なんです。そりゃそうですよね、一〇年前になかった商品が今ぼんぼんあるでしょう。使い方とか、効能とか分からない。説明はしなきゃいけないけど、その説明は単純明快でないと。日本では商品がどんどん細分化されて、細かいとこまで説明しないと消費に結びつかないですけど、中国はそこまで成熟していないし、中国人は分かりやすいのが好きですから。

会社を起こして二年目に、ある広告代理店の人から言われました。

「オレたちの仕事はいくらでも情報が操作できる。消費者はある意味、被害者だ。その責任を理解して仕事をしていかなければいけない」って。昔の中国のままでも良かったと思うんですよ。あの生活で幸せだったんですから。それが市場主義経済になってドッと物が押し寄せて、企業側は売れりゃいいと思っているし、消費者は安けりゃいい。何が良くて悪いのかを伝達できてないと思う。急激に豊かになって、情報も混乱している。だから、誤解を招くようなメッセージを伝えてはいけないと、いつも気をつけてます。

日式（日本式）って、やっぱりすごいと思うんです。アメリカをイギリスが作ったように、上海は日本人が作らなアカンと思う。自分らは上海にとって、助っ人なんです、日本人としての誇りを持ってやらなアカンのです。だからと言って中国人を見下したりしてはダメ。二言目には「日本ではこうなのに、中国では～」と言う人がいますけど、言うべきではない。中国を見下してると誤解されるからです。ローカルの人は日本語が分らなかったとしても、しっかり日本人を見ていますよ。言葉が分からない分だけ、本質を見ている。逆に、変に中国人と仲良くしようとする人も失敗しますね。下手に擦り寄ると、なめられる。信念を持って、日本で働くのと同じように仕事をやればいいんです。

外国人が独資で起業する場合の最低資本金がすごく高いとか、うまみのある業種は市場開放されていないとか法律的な縛りもあって、外国人にとって中国は大きく儲けにくい国です。しかし一人勝ちはできないにしても、中国人と利益を共有できるようであれば方法はあるんですよ。上海は日本人、中国人問わず、思いもかけない出会いがあって、その縁がチャンスを生む場所。それを楽しんで仕事をしていれば成功できるんじゃないかと思います

楽しいかどうかというのが僕のすべての判断基準で、結局好きなことしかしていません。野球がすごく好きなんで、週一でやってます。上海には日本人のチームだけで八チームあるんで、対抗戦もやれるんですよ。日本人小学校で四〇人くらいの小学生に週一回サッカーも教えていて、それはもう八年くらいになります。子供と遊ぶのって、いいストレス発散になって楽しい。お客さんと飲みに行くのも好きだし。人と会うのって、本を読むのと同じくらい勉強になると思うんですよ。

二歳の娘がいるんですが、もうすぐ、息子も生まれます。プロ野球選手にするのが今の夢ですね(笑)。嫁ですか？「ロジャム」にいた時、彼女は日本から派遣された管理者で、自分の上司だったんです。北京出身で日本にも一〇年近くいて、僕よりよっぽど日本人らしい。結婚したのは、二〇〇一年三月。仕事的にはつらい時でしたけど、会社がダメになったりしても、何も残らなかったけど嫁はんがおったらええなと思って。中国まで来て仕事もダメになって何もなかったら、再起不能でしょ(笑)。

顔の傷ですか？　これは寝不足で貧血になって、机にぶつけたんです(苦笑)。忙しいっていうより、段取りが下手なんです。ずっとローカル系企業ばっかりと仕事をしてたじゃないですか。ローカルって分かりやすいんですよ、最短だと一週間前に依頼が入るし、当日でもがちゃがちゃ変更する。そういうのに対応するのは得意です。でも、日系企業だと三カ月前から準備するのが当たり前でしょう。見えな

いところまで日本はこだわりますよね。例えば、司会者の靴。ローカル企業なら、どうせ見えないから色が何色だろうと気にしない。でも日系企業だと、靴の色は、黒はアカン。白か赤。商品を発表する人のイメージが大事だって言いますよね。すごい基本的なことなんですけど、僕は全然知らんかった。

日本での社会経験がないせいで、「ほうれんそう」(報告・連絡・相談)が徹底できていないみたいです。自分ではちゃんとやっているつもりなんですけど…。だから、今、日本の仕事のやり方を勉強中です。

会社を大きくしたいとかはあまり思ってなくて、いろんな企業をサポートできればいいんじゃないですかね。コンサルティングですか？　そんな難しいこと、僕、喋れませんって。飲食業のコンサルはできるかも知れませんけど、それを本職にすると目の色が変わっちゃうから止めたほうがいいんです。上海の飲食業界はそろそろ専門店化の時代に変わりつつあります、それで蟹を専門で食わせる「蟹王」って日本料理屋も作ったんですよ。でも、それは儲けるというよりは自分のためにも、知り合いのためにも情報交換の場になればと思ってのことです。

二〇一〇年の上海の万博まであと六年、それまでは確実に上海にいると思います。一二年という長さだけしか自分には自慢するところがない。長くいる分、その長さに負けないように緊張感を持って仕事をしていこうって思ってます。

＊中国政府国家教育部が公認している中国語能力試験（詳しくはインフォメーションP16参照）

⑬服飾デザイナー

日野宏美

Hino, Hiromi

日本に比べたら一〇倍の苦労。でも夢は自分のブランドを作ること

一九七五年三月八日生まれ　兵庫県出身
文化服装学院アパレル技術科卒
服飾デザイナー
【上海歴】　二〇〇三年二月〜
【収入】　日本で働いていた頃の半分程度
【休日】　不定
【住まい】　2LDK（一〇〇平米、五〇〇〇元）

今ちょうど、秋冬物のサンプルが届いたとこなんですよ、見ます？

これが私がデザインしている犬の洋服のブランドです。今年5月に春夏物から立ち上がって、日本での販売がスタートしました。「MODETOUTOU（モード　トゥトゥ）」の「TOUTOU」っていうのは、フランス語でワンチャンっていう意味なんです、可愛いでしょ？

私、デザイナーはデザイナーなんですけど、デ

ザインを描くだけじゃなくて、商品にするためにどの材料を使うとか、どこの工場でサンプルを作るかとかを決めて、サンプルが上がってきたら今度は修正して、見積もりをもらい、納期確認して、それから生産ラインに載せて、検品するというところまでを一人でやってます。そんなデザイナーがいる？いないでしょうね（笑）。デザイナーは絵を描いて指示書を出して、サンプルが上がってきたら修正の指示書を出してってところまでですから。そんな紙だけの世界から飛び出したくて、上海にやって来たんです。

うちは曾お婆ちゃんが呉服屋で、おばあちゃんは私がちっちゃい頃は洋装店をやっていたし、ウチの母親が今はもうやめちゃってますけどブティックを経営していました。跡を継ごうかなって高校生の頃はマジに考えたりして（笑）。洋服関係の仕事につきたいって自然に思うようになって、同じ姫路出身のケンゾーが出た学校だっていうんで文化服装学院に入学しました。でも、私、絵は得意だったけど、デザイン画が嫌いだったんですよ、それでデザイン科では一番になれないなと思って、パタンナーを養成するアパレル技術科へ進みました。

東京の婦人服メーカーでパタンナーとして三年働きました。パタンナーってデザイン画をもとに裁断用の型紙を描くんですけど、仕事は好きでも合わない気がしてました。そうしたら、社長じきじきに「デザイナーになれ」と言われて、子供服事業部の企画に異動。アシスタントだったので自分がデザインできるわけじゃなかったですけど、楽しかったのでいっぱい吸収することができた。チーフより私のほうがいいもんを作れるわって心の中で思ってたら、デザインをやらへんかって大阪の子供服の小売り店から声がかかって。ちょうど田舎にも戻りたかったし、自分の感性とも合ってできると思えた。

社内デザイナーを三年間やりました。私のデザインしたブランド「ＢＡＪＡ」がすごく当たって、会社の売上げも私がデザイナーになる前の数倍になりました。

でも、そのうちに紙を渡した後の、生地をどんなふうに手配して、どう作っていくのかっていう次の世界が知りたくなってきた。だって、紙だけじゃつまらないから…。日野ちゃん、日野ちゃんってちやほやされてるけど、今だけだろうなとも思った。四〇、五〇になった時にデザイナーとしてやっていけるのか。私、死ぬまで働いていたいから、どうしたらいいか考えると、自分のブランドを立ち上げたい。その時に、デザイン画から生産までをトータルコーディネートできる人になりたいと思い始めて…。

仕事は楽しかったし、お給料も良かった。でもこの生活は私のやりたいのとちょっと違うって思って、会社を辞めました。それで速攻、これは原点に戻らなアカンわと思い、翌日東京に行ったんです。そしたら、仕事上の知り合いに偶然会いました。アメリカへ行くかなぁとか、それともヨーロッパかなぁとか、そんなことも考えてたんですけど、その人から
「自分のブランドを作りたいんやろ？　アメリカやイタリアへ行っても意味ない。生産現場を知りたいんなら上海や。中国へ行かなアカン。一回現場を見て何も感じんかったら戻ってくればええやないか」

って言われた。欧米に行っても今の世界と変わらない紙の世界でしかない、このおっちゃんの言う通りやと思って、その足でビザの申請に行きました（笑）。

初めて上海に来たのは、二〇〇二年の一二月。会社を辞めて一〇日目ですね。もともとそういう性格なんです。思ったらすぐ動くし、考え込んだりしないんです。この時は二週間滞在して、上海の街を一

▲今までの経験と知識をフル活用。デザインから生産管理までを１人で担当する

人で見てまわったり、人材紹介会社に行ってアドバイスを受けたり。上海で働こうって決めてました。いったん日本に帰って、本格的に来たのが二〇〇三年二月一五日です。

働くなら、商社的な会社に入りたかった。デザイナーをやってた時は、香港の貿易会社を通して中国の工場さんに生産してもらってたから、紙の次の世界、生産の現場を知るなら貿易商社だって思ってた。上海周辺はアパレル企業がいっぱい進出しているじゃないですか。デザイナーとパタンナーの経験もあるし、アパレルの知識があるってことで、人材紹介会社の人からは「仕事はあるよ」って言われてました。

でも中国語が全然できなかったので、学校へ入学申し込みをしたんです。その同じ日に、働きたい気持ちも捨てられなくて別の人材紹介会社を訪ねたら、「仕事、ありますよ。明日面接です」と。日本語がベラベラの香港人が老板《ラオバン》（社長）の会社へ面接に行ったら気に入られて、「展示会があるから、今から行こう」と言われ、即決でした。クライアントは日本企業で、日本からデザイン画と指示書が届いたら、商品にするまでを管理していくっていう、私がイメージしてた通りの仕事でした。午前中は学校へ行って中国語を勉強し、午後から出社すればいいとも言ってくれて。

結局はＳＡＲＳが終わってすごく忙しくなってしまい、学校は半年も行けませんでしたけど。

仕事は、面白かったです。すごい勉強にもなったし。でも、人が出した指示書通りに商品にしていく営業って、私には向いてないって思ったんです。デザイナーだったでしょ、日本から来た指示書を見ると、例えば赤って何種類もありますけど、日本が指示してくる赤っていうのが良くない。明らかに、こっちの赤のほうがええやんって思うから、勝手に進めて怒られたりとか。

社長は「日野さん、営業だけじゃなくてデザインもやってみたら」と言う。その時抱えてる仕事だけでもいっぱいいっぱいなのに、デザインする時間なんてないですよ。社長たちは頭の中から簡単にデザインが出てくると思ってるけど、そんな簡単なもんじゃないんです。市場を見て、ネタ集めて、コンセプトをまとめて、それが一つのデザインになっていくのに、一週間後にデザイン上げてとか言われても……。会社命令だから無理矢理デザインを描きましたけど、ええもんができるはずがない。そしたら、「日野さんの実力、こんなもんですか？　信じてたのに…」

って失望したようなことを言う。いやー、腹立ちましたよ。そんな時に、日本のペット関連会社が犬の洋服のデザイナーを探しているっていう話が入ってきた。子供服のデザイナーだった時から犬の服もやりたいって会社に提案もしてたんです、会社からは却下されましたけどね。ウチの犬には私がデザインして縫った服を着せてましたから、興味もあった。

先方の要求は、デザインだけじゃなくて生産も全部見ること。じゃ、やってみようかと始めたら、忙しくなりますよね。こりゃ、会社辞めなアカンわと思って、事情を話して会社を辞めました。学校へ行きながら働くことを許可してくれたりと長い目で私を見てくれてたから、辞めちゃって申し訳ないと思ってます。

上海ではデザインがひらめくことはないです、刺激を受けるものも今はまだないし。日本市場がターゲットだから日本の市場を知らないといけない。日本に帰るとお店が開いて閉店する時間までずっとお店を回ってます。ペットショップも見ますけど、人間のファッションのほうのお店を見るんです。このデザイン可愛いな、これ使えるなとかをインプットする。原宿や青山、渋谷、新宿を歩き回って、人を観察します。雑誌も見るし、テレビを見てどんなドラマが流行ってるんやろとか、全部吸収するんです。犬の種類もいろいろあるでしょ、今はフレンチブルドックが流行ってますけど、じゃ、次はどんな犬が(流行として)来るかを見る。それからいっぱいデザインを描いて、その中から売れそうなものをピックアップして、また企画を詰めていく。日本で働いていた頃はお金があったから、デザインのヒントを探しにNYとかヨーロッパへ、ちょこちょこ行ってました。今は時間的にもお金にも余裕がないからムリですけど、一カ月半に一回は日本に帰ろうと思ってます。

デザインを描いたら、イメージする生地を作るために糸作りから始めます。日本の感覚で指示を出すんですけど、上がってくるのは指示とは違うもの。日本だったら、工場にしても生地屋さん、プリント屋さんにしても、しっかりした仕事をしてくれる。すべての体制ができ上がっていて、指示書を出せば思った通りの生地が上がるし、絵を出せばその通りのものが上がってくる。でも中国では、工場でも最高に頑張って作ってくれてるんですけど、やっぱり違う。だから別の工場を探して、また頼む。そこでもダメだったら、また違うところを探して。いいモノ、いい工場を探す旅をしているって感じです。やり直ししたいけど、納期に間に合わないから、妥協するしかないこともあって、それが、すごくストレスです、不満意《ブーマンイー》です。日本でやってた頃と比べたら、一〇倍の苦労がありますね（苦笑）。

　中国の人は否定形から入るんですよね。これは指示書と違うから、もう一回やって欲しいと言うでしょ。日本だったら話を聞いてくれて、すぐに対応してくれるけど、中国では「没有辦法《メイヨーパンファー》（すべがない、仕方がない）」で終わりです。その時に、やっぱり活きてくるのが知識なんです。パタンナーが「一時間ではできない」と言えば、実際にパターン室に入ってやってみせるし、今までの私の経験や知識を使って説得します。この説得をそれぞれの工程でやらなきゃならないのが大変なんですけど、納得すれば、中国の人はやってくれますよ。

　あっちは言いたいこと言うでしょ、こっちも言いたいこと言うでしょ、だから毎回激しいやりとりをしてますけど、次に工場に行くと明るく笑顔で迎えてくれる。中国の人のそういうカラっとしたところ、いいですね。中国人の友達から「あなたの中国語は工場の人が喋っているみたいね」って言われるんですよ。工場にずっと詰めてるから、おっちゃん言葉がうつってしまったのかも知れません（苦笑）。

一人で大変？　いえ、一人だからできるんです。二人も三人もいたらもっと大変ですよ。生地作り、サンプル作りって、各段階で修正が入るでしょ。デザイナーが日本で生産現場が中国だったら、やりとりにも時間がかかるけど、私は現場にいる。だから、その場その場でクイックに対応できるんです。

それでも困ることはいっぱいありますよ〜。工場がつぶれたり、老板《ラオバン》（社長）が替わったり、大きい仕事を請けたからアンタの所の仕事はもうできへんって言われたり…。そしたら即、友達に電話です。上海では同業他社の人と情報交換ができる、これって上海で働くメリットですね。助けてもらうこともあるし、私が人や工場を紹介して助けることもある。日本じゃあり得ないことですね。

上海に来た時から、会う人会う人に、子供服のデザイナーをやっていたこと、いつか自分のブランドを作りたいことを話してきました。工場を知っていると聞けば、紹介してもらったり、どんどん人をつなげていくようにしてきました。何か新しいことをやろうとしたら、人の輪を広げること、自分がやりたいことを会う人、会う人に話すこと。これ、ポイントです（笑）。業種は違うけど、何かやろう、起業しようとやってくる日本人も多いでしょう。今、上海には面白い人間がいっぱい集まってきてますよね。そういう友達とも情報交換をするし、頑張ってる友達の姿を見て私も頑張らなアカン、と思ってます。

今は日本で売っているだけですけど、中国市場での展開も考えてます。ここは決まったら速い国なんで、半年後とか一年後に私のデザインした犬の服が上海で売られているかも？（笑）　もちろん、いつかレディースのブランドもやってみたいと思っています。

⑭日本料理店主

浅野裕史

Asano, Hiroshi

最高にツイてる人間関係は宝物。失敗を恐れず上海で暴れてみたい

一九七三年四月二九日生まれ　埼玉県出身
専修大学法学部卒
日本料理店「北彩」店主
【上海歴】　二〇〇三年八月～
【収入】　日本で働いていた頃の倍程度
【休日】　今のところ休みはなし
【住まい】　2LDK（約一〇〇平米、約一万元）に、妻と一男一女の四人家族

板前でやっていくと決めた時から三〇歳になったら独立しようと思って働いてきました。

上海に初めて来たのは二〇〇二年三月、この店をオープンしたのが二〇〇三年一〇月ですから、その一年半前です。叔父が台湾を拠点に貿易の仕事をしていて、上海にも月一回くらいのペースで来ていたんですよ。その叔父から、

「一度どこでもいいから、外国を見てみろ。日本とは違う世界があるんだから。上海なら連れて

行ってやる」

と言われて、じゃあ、と思って家族で観光に来たんです。いやぁ、驚きましたよ。マスコミでも上海の発展がすごいとか盛んに報道していたし、叔父からも聞いてはいたけど、ここまで上海は活気があってすごいのかって。この時、叔父の知り合いにも何人か会ったんですよね。自分よりも若いのに総経理（社長）としてバリバリやっている人とかね。そういう人たちの話を聞いて、かなり刺激も受けました。日本料理屋にも行き、ちゃんとした料理を食べさせる店がそう多くないことや日本人の板前が必要とされていることも知りました。

高校、大学とずっとアルバイトは、居酒屋や寿司屋とか飲食店ばっかりだったんですよ。店の親方には可愛がられて、バイトの身分なのに大学二年くらいからは包丁を握らせてもらっていました。最初は簡単なものから始めて、少しずつできるようになると面白いじゃないですか。料理って奥が深いと思うようになっていって…。大学は法学部だったので、法律関係もいいかと一瞬思ったこともありましたけど一カ月で諦めましたね（笑）。バイトしながら、自分が板前としてやるのもいいけど、経営者として飲食店をやってみるのも面白いかなとか、やっぱりサラリーマンのほうがいいかなとか迷っていました。

大学四年の時には、一方で板前の道かなと思いながらも、一応就職活動もしたんですよ。オヤジが銀行マンなんですよ、男の子ってオヤジを越えたいって思うじゃないですか。だから、銀行とか証券の道に行こうかなっていう気持ちもあって、金融を中心に就職活動しました。受かった会社もあったんですが、あんまりデカくもなくて、そこに入社して働いてもオヤジを越えられないと思いました。

で、やっぱり板前としてやっていこうと、バイト時代に目をかけてくれていた親方について、割烹風の居酒屋で七年働きました。本当なら板前って、中卒で入ってくる。ちゃんとしたところだと先輩が一〇人くらいいて、二年くらい経ってやっと焼き物をちょっとやらせてもらったりする。だから、自分なんかちょっと邪道ですね。

上海に初めて来た時が二九歳。そろそろ三〇だと思った時に、貯金もそれほどなかった。日本で独立しようと思ったら、すごい金がかかりますからね。知り合いの店のマスターとかオーナーに話を聞きに行ったりもしたんですよ、すると家賃だ、保証金だ、内装費だ、って話を聞けば聞くほどムリだと分かった。だったら、上海で店を出したらどうだろうと。

心が決まったのが、旅行から五カ月後の七月でした。叔父に、

「ぜひ上海でやってみたい。叔父さんの力がなくてはできない話なので、よろしくお願いします」

と言うと、叔父はうなずいていました。こうなることを予想していたんじゃないですか。カミさんですか？　反対はしなかったですね。

「私、上海に行きたい。中華料理が食べたい。中華は美味しいし、安いでしょ」

って言ってましたね（笑）。もし反対されていたら、上海には来なかったと思います。

翌月の八月に上海に来て、店を始めるためにどんな手続きが必要かを確認しました。上海では外国人が独資で飲食店を経営できないので、中国人をかまさないといけない。叔父の知り合いの信頼できる中国人と組んでやることになり、彼と打ち合わせをするわけですが、その彼も飲食店は初めてだったので、

▲天井が高く、ゆったりめの設計で、店内は寛げる隠れ家的雰囲気

手探り状態。そのあといったん日本に戻って、年末まで修行していた店で働いて、次に上海に来たのが二〇〇三年三月です。八月まで日本と上海を何回か行き来して、開店の準備を進めました。

店舗物件をすぐに探し始めましたけど、それよりも先に決めたのは住まいです。自分一人ならどんな所でもよかった。でも、家族も来るし子供も小さい。日本人が多く住んでいて安全な所と思って今のマンションを選びました。家賃は一万元ちょっとで安くはないですけど、カミさんも日本人の友達が結構できたみたいだし、マンションの敷地内に外国人用のクリニックもある。今のところ、不満もなく生活しています。もうちょっと慣れれば、あそこを出てもいいかなと思ってますけど。

店舗は一三、四軒見て、今の場所に決めたのが五月。一二〇平米で家賃は八〇〇〇元。ここは、日本人や外国人が多く住んでいて、自分の住まいもある「古北地区」から近くて、日系企業が多数入るオフィスビルからも近いエリアにあります。最初は繁華街で探したんですけど家賃が高すぎて、ムリだった。

今となってはここで良かったと思っています。通りから少し奥まった所にありますけど、そのせいで変な客は入ってこない。お客さんは常連さんが多いんですが、

「隠れ家的で、自分たちしか知らない感じでいいよね」

と言ってもらっています。店のすぐ隣は外国人用マンションや高級住宅地なので、中国人のお客もお金持ちが多いですね。欧米人のお客さんも時々いらっしゃいます。そんな立派な人は来ないで下さい（笑）と思うような外交官とかね。自分は中国語はもとより英語も分かんないしね、向こうも中国語が分かんない。日本語のメニューしかないって言っても、「トライするから。大丈夫だ」と言って食べて行かれます。

店をオープンできたのは、たくさんの人に助けてもらえたおかげです。日本で世話になっていたアサヒビールの人から、上海の駐在員を紹介してもらったんですけど、その人から上海の飲食業界の実情だとか、日本料理屋が上海にどのくらいあるか、食材はどういうところから仕入れるとか、本当にいろんなことを教えてもらいました。旅行で来た時に知り合った広告会社をやっている人からは設計会社やその他にもたくさんの友人を紹介してもらったし、照明器具を扱っている市場につき合ってもらったこともあります。

上海にいる日本人ってみなさん、横のつながりを持っているんですよね。日本では人づき合いって、

会社の中だけとか、昔からの友達だけってことになりますけど、上海にいると職業も世代も違う人たちとつき合えるし、みなさん、そういう出会いやつながりを大切にしている。いい人がいい人を呼ぶので、そんなふうに常連さんも増えて、おかげさまで店も軌道に乗り始めました。

知り合ったばかりの人たちなのに、自分をこんなに助けてくれて、ほんとにありがたい。感謝してます。日本では人間関係が希薄になっているでしょ、上海でまさか、こんなにいい人間関係ができるとは思ってもいなかった。会う人会う人、いい人たちばっかりで、ツイているんですよ。オレ、こんなに運を使っちゃっていいのかと思いますよ、この後、どうなるんだろうって（笑）。

店舗が決まって、営業するために必要な手続きを始めたんですが、許可をとらなきゃいけないものが、とにかくたくさんあった。まず、営業許可でしょう。それと衛生、酒類販売、税務、公安、消防、環境……という具合です。管轄が全部バラバラで、許可もバラバラにしか下りてこない。一つ一つの申請にかかるお金は微々たるものなんですけど、やれ、この設備が足りない、やれ、これを買えとか言われて、結構お金がかかりました。「この設備ならウチでも扱っている」と言われると、役所指定のものにするしかない。そのへんで買えば一万元ですむものが、三倍も四倍もしました。一番参ったのは、なかなか衛生許可が下りなかったこと。ＳＡＲＳの影響で衛生局の審査が厳しくなっていたからなんですけど、「厨房とホールの面積比率は一対二でなければならないのに、この店は一対四だからダメだ、許可は出せない」

と言われました。そんなこと言ったって、施工も終わってるし、困っちゃいますよね。中国人パートナーが衛生局とかけあってようやく許可は下りましたけど、申請してから半年経っていました。日本でも手続きはもちろん手間はかかりますけど、こんなに大変じゃない。いやぁ、許可には、苦労しました。

内装工事中も大変でした。工事中は監督していないと手を抜くと聞いていたので、二カ月間、毎日現場に行きました。でも工事しているのはみな中国人で、こっちは中国語が話せない。日本人デザイナーも来てくれましたけど一週間に一回だけだし、店を作るために力を貸してくれた人たちだって昼間はそれぞれ仕事があるから、そこまで面倒を見てもらうわけに行かない。デザインと違うところがあっても、伝えようがなくて何もできなくて、本当にもどかしかった。中国語を勉強しなきゃって痛切に思いましたね。


今、不満があるとすれば、食材の問題。魚のことを言えば、このへんの市場で売っているものは使えない。魚の腹の中がすごく匂うんですよ。釣ったあとにすぐ内蔵を出してしまえばいいんだろうけど、そのまま置いているので、その匂いが身にまで回っている。上海近郊の海が良くないんでしょうね、魚が食っているものが悪いんですよ。それで、魚はすべて廈門《アモイ》か大連のものを使っています。ものはいいんですけど、種類が少なくて…。鳥インフルエンザの問題などもあるし、食の安全は気になるので、鶏肉などは日本輸出用を扱う会社から仕入れています。日本の会社との合弁なので、まだ安心できるかなと。近くの市場で買うよりは高いですけど、安全を買うということですね。

従業員は洗い場のおばさん以外はみんな、日本語ベラベラです。洗い場のおばさんとも、簡単なコミュニケーションはとれるし、食材を運んでくる中国人の言っていることも大体分かるようにはなってきました。お店の中だけなら何とかなるので、今はそれほど中国語が必要ではないですけど、オレ、この店だけで終わるつもりはないんで。別の店を出すとなったら、またゼロから始めなきゃいけない。今回の施工で失敗したこととか、こうすれば良かったということはきちんと意思疎通ができればというか、できないとまずいなと思ってます。

実は、上海で思いっきり暴れてそれで失敗するならそれでもいいと思って、上海には来ました。一〇〇〇万、二〇〇〇万円の借金ができたって、また日本に戻って頑張ればいいと思っていた。でも実際に来てみたら、上海にはチャンスが多い。将来的には店舗を増やしたい。上海じゃなくて、中国の内陸部とか、あるいはベトナムとかね。街全体がすごいスピードで動いているんで、自分も速く動いていかないとまずいと思ってます。上海にも、もうちょっと早く出てくれば良かったなぁって思いますよ。

やっぱり、やるからにはね、金儲けもしないといけないし、上を見ていかないといけない。日本にいたら、この年齢で何店舗も作るなんて考えもしなかっただろうけど、こっちなら可能性がありますから。

何も分からなくて来た上海で、たくさんの人に支えられて念願の店を持つことができた。ここに一歩入れば、日本だなって思って寛いでもらえる店にしたい。ここまで助けてもらった人たちにも恩返しをしなきゃとも思っています。

⑮人材紹介会社共同経営

川口真

Kawaguchi, Makoto

一日二社の日系企業が上海に進出！
年間二〇〇〇枚の名刺で顔を売る

一九七三年二月三日生まれ　兵庫県出身
名城大学商学部商学科卒
亜潤投資管理諮詢（上海）有限公司（グッドジョブクリエーションズ）
総経理（社長）
【上海歴】一九九八年九月～九九年七月、二〇〇一年六月～
【収入】日本の同世代より多い程度
【休日】週休二日
【住まい】１ＬＤＫ（七〇平米、三〇〇〇元）

この二、三年、日本では中国がクローズアップされているので、上海で働きたいという日本人の求職者も増えていますが、彼らにもどかしさを感じることも多いんですよ。

我々は求人企業に人材を紹介し、求職者に仕事を紹介しています。日本人求職者に登録してもらう際には日本人担当者が面談をして、その後に中国人スタッフによる中国語レベルチェックを受けて頂くんですが、その面談内容は人材紹介が半分で、人生相談が半分のような状態になっています。

「中国がすごいから、来てみよう」っていう人が多いのですが、そのすごい中国で自分が何をやりたいのかが見えていない。とりあえず来てはみたけど、どうしていいか分からなくて立ち止まっているという印象を受けます。日本でアルバイトを探すような感覚で来られる方もいます。現地採用は当然、駐在員のようないい待遇じゃありません、でも、中国人よりもいい給料をもらっているわけですから、甘い気持ちで働いていると、やっぱり現地採用は使いモノにならないと言われてしまうことになりかねません。

現地採用という待遇であったとしても、その会社で頑張ってキャリアを積んで、次にステップアップしていくという気概がないと、時間だけが過ぎて何も残らなかったということになります。海外に出たらすごいという幻想が日本にはあるように思いますが、外国語を使って仕事をしているだけでは、キャリアアップをしたことにはならない。逆に、日本に帰った時に、同い年の人に差を付けられている可能性もありますよね。

上海が、体のいい逃避先になっているような気がするんです。留学するにしても日本から近いし、一〇〇万円くらいあったら一年間生活できる。それに、今上海が注目されてますから、上海に留学するって言えば格好いいですからね。仮に逃避だとしても、この上海で新たに頑張ることができればいいと思うんです。ただ、こっちに来てもダラダラしていて、留学の延長で働こうという感覚では何も得られません。

長く残って働くという人も、そう多くはありません。もちろん企業側も、優秀な人であれば駐在員に登用するなり、現地採用であってももっと給料を上げていくとかすべきだと思います。香港では、現地法人の総経理（社長）を現地採用に任せるということも珍しくないですけど、上海ではそこまで行ってませんからね。
日本人の登録者は女性が七割、男性が三割で、年代では二〇代後半が一番多く、次が三〇代前半、二〇代前半です。求人はざっと言って前年比より五〇%アップしていますから、全く仕事が見つからないということはありません。その人次第です。明確な目的意識を持って、キャリアアップをしている人もいますからね。

私も日本で働いた後に留学をして、働き始めたんですよ。大学を卒業して、人材派遣業の「パソナ」に入って三年半働きました。三年目からは支店長として、岐阜支店の立ち上げにもかかわりました。中国へ興味を持ったのは、大学四年のゼミ合宿で香港と広東省の深せんの開発区を見学したことがきっかけです。この時が初めての海外旅行で、アジアの活気に魅了されまして、若いうちにぜひ海外で働きたいと思った。パソナは香港や上海に拠点を持っていましたから、毎年異動の希望も出していたんですが、我々が入社した頃くらいから駐在員制度がなくなってしまって。このままいてもチャンスがないというのが分かって、思い切って辞め、九八年九月から九九年七月まで、上海の戯劇学院に留学。北京も選択肢として考えましたが、働くことを前提に留学しましたのでビジネスなら上海だろうと思い、留学先を決めました。実は大学では第二外国語は中国語だったんですよ、その頃は全然真面目に勉強してなかったので、実際来た時はニーハオとシエシエしか言えなかった。真剣にやっておけばよかったとつくづく

▲週末はサッカーサークルで思い切り汗をかく

思いましたね（苦笑）。

就職活動は、留学が終わる三カ月前から始めました。今でこそ上海には人材紹介の日系エージェントが二〇社ほどありますが、その当時は二社しかなかったですし、日系企業の進出もブームになる前で求人は少なくて。それで、比較的求人のあった香港に行き、香港のエージェントに登録しました。その時訪ねたエージェントの総経理が実は今の社長で、パートナーなんです。彼は上海生まれで日本に留学し、香港の日系の人材紹介会社に総経理として駐在していました。彼の紹介で香港の日系企業を受けたら何社か内定も出て、そのうちの一社に入ったんですが、上司の考え方と合わず二カ月で辞めました。

その後、上海に戻って仕事を探している頃に、今の社長から電話があり、「香港で独立したいから、一緒にやらないか」と誘われました。「人材紹介業にかかわりたい」と私が話していたのを覚えてくれていたんですね、自分のやりたいことを周囲に話していれば、そのうち話は入ってくるんだと思います。

　彼と私ともう一人の三人で香港に会社を立ち上げ、私も一年ほど香港で働きました。順調に行ったので二年目にシンガポールに拠点を出そうという話だったんですが、私には次は上海だという思いがあったので、社長の彼を上海に連れ出して説得し、上海進出が決まりました。

　今は、彼が香港を見て、上海は私が見るという体制です。先週ようやく上海法人も四年目に入りました。業績としては、目標値の六〇%くらいというところですね。日本人求職者の案件では日系のなかで二位くらいにつけているのではないかと思います。でも、日系企業がこれだけ上海進出していることから考えると、もう少し右肩上がりでもいいのではないかと。

　競合が増えたのは、この一年半くらいです。ウチは三年前に進出したから、やってこれた。大手のように資金を潤沢に投資できるわけでもないですし、今でこそおかげさまで上海では知られてますけど、設立当時は全くの無名ですからね。今後、競争がもっと厳しくなり、淘汰が始まっていくと思います。

　他社にない売りって言えるほどのサービスはないですが、どれだけ一つ一つの案件に誠実に対応していけるか、いい人材を紹介できるかに尽きますね。一つ一つの業務をきちんとやっていけば、それが評判になり広がっていくと思ってますから。

　進出したのが三社目だったこともあって、当初から『ウォーカー』*や『スーパーシティ上海』**に広告を出すだけで問い合わせを頂きましたので、特にアポをとって企業に営業活動に行くということはしてません。スタッフも今ほどいなくて、昼間外へ出られるような時間がなかったこともあるんですが。

そのかわり、夜に異業種交流会や現地採用者の会、県人会、セミナーなど何か集まりがあれば、とにかく顔を出すようにして名刺を配って歩きました。今もそうですけど、週に四、五回は誰かと飲みに出てます。居酒屋で友人の友人を紹介されたりと、新たな出会いもありますし。上海で知り合う人は仕事を探している人か、人材を探している企業である可能性が高いと思うので、名刺だけはとにかく配って自分の顔を売るようにしてるんです。名刺ですか？　年間で二〇〇〇枚くらいは配ってるんじゃないかと思います。


社内では、事務と会計を一部見て、スタッフの管理、それと営業的なことはクレームも含めて私が担当しています。社員は日本人が私を含め三名、中国人が五名です。スタッフとの年齢も近いですから、頭ごなしに命令したりということはしてません。スタッフの意見を聞いて取り入れて行きたいので、発言しやすい環境を作るよう心がけています。家族的なチームワークでやっていきたいと思っていて。

エージェントによってはコミッション制をとるところもあるようですが、ウチはやってません。優秀な登録者がいた時に、その登録者が同僚の案件に最適だとしても自分の売上げにするために抱え込んでしまったり、給料の高い案件のみ頑張って安い案件はないがしろにするということを避けるためです。こういう会社の方針に合って、ヒューマンスキルの高い人を採用しています。

こちらが長く働いて欲しいと思っても、スタッフがほかにやりたいことができれば止めることはできません。スタッフが辞めることを前提でマネジメントできる体制を作らないといけない。というのも、昨年アメリカ留学や転職するとかで三人離職が続いて。数的には補充しましたが怖いなと思って、五人体制から七人体制にしました。

今、上海は日本語ができる中国人なら猫も杓子も欲しいという状況です。一日一社と言われた日系企業の進出ペースが今年に入って、一日二社になっています。ウチには上海中の日系企業の求人が集まるわけですから、他社の給料がどのくらいか分かります。ウチも給料はそう悪くないと思うんですけど、転職しようという気持ちに一番なりやすい環境ですよね（苦笑）。

日系企業が相当数進出しているわけですが、日系企業にとっては優秀な中国人の人材確保が大変な時代になっています。年功序列や平等という思想から抜け切れなくて、日系企業の場合は中国人スタッフの待遇がほぼ一律ですよね。そうすると、能力のある人にはバカらしいし、能力のない人には居心地がよくなる。辞めて欲しい人が残って、優秀な人が辞めていく。日系企業を辞めて欧米系に転職したりするケースも増えていますし、最近は欧米系だけでなく中国系にも優秀な人材が流れてます。これから世界に出ていこうという中国の企業などは、いい待遇を出してますから。

いい人材を長期的に確保していくためには、日本の価値観を捨ててもう少し現地に合わせた考え方が必要で、こっちの人の能力を引き出す形をとっていかないと。しかし日系企業における中国人のポジションは、言われたことをやるだけ、というのが多い。そうすると、自分で考えるということをしなくなる。中国市場を相手にした商売をしていく形が増えている以上、中国人の考え方を取り入れていかないと勝ち残ってはいけません。でも多くの日系企業は、どうしても日本人中心で仕事を進めてしまう。確かに日本の豊富な経験があるから、中国でもその経験則でと思われるのでしょうけど、時には日本での成功体験がマイナスになることもあるわけですから。

企業の第二人事部でありたいと思っていますので、進出されている日系企業さんの少しでもお役に立てれば嬉しいですね。特にゼロから立ち上げる企業さんを最初からお手伝いしますと、会社が大きくなっていく様子を見られて本当に楽しいです。

念願だった日本オフィスも今年、開設できました。上海で働きたい人の窓口になるだけでなく、上海に進出したい日本企業に駐在員候補を紹介するというビジネスも展開していきたい。帰任が決まった駐在員の方から、もうしばらく上海で働きたいが、現地採用で働く勇気はないといった話をよく聞きます。新しく進出する企業には中国事情に精通した人材が必要ですから、双方のニーズをマッチングさせていけたらと思ってます。

今これだけ目まぐるしく変化している都市は世界でも上海だけだと思うんです、それを肌で感じられるという経験はそうあることじゃないですよね。しばらくは、この上海で働いていくことになると思います。

*、**詳しくはインフォメーションページ・暮らす⑩上海の情報環境P87を参照。

⑯電子部品メーカー工場統括部長
金井伸好
Kanai, Nobuyoshi

ここでは毎日が戦争。でも、中国に骨をうずめる覚悟です

一九五四年二月一四日生まれ　群馬県出身
国学院大学法学部卒
電子部品メーカー工場統括部長
【上海歴】　二〇〇〇年一〇月～二〇〇四年四月
【収入】　年収五〇〇万円くらい
【休日】　週休二日、忙しい時には無休。
【住まい】　工場の近くの2LDK（約一二〇平米、二〇〇〇元）に単身赴任

日本と中国を年齢で言うなら、日本は定年で六〇歳を超えた感じで下り坂、一方の中国は一八歳でこれから延びていく上り坂の国。そう思いませんか？　特に、日本の製造業はいま大変でしょう。最初は私もね、駐在員だったんですよ。中国歴もトータルすると八年になります。最初に来たのが一九八七年で、広東省汕頭《スワトウ》でした。電子部品メーカーの新工場立ち上げのために来ました。三年いて、そのままマレーシア、シンガポールに一年

ずついてそれぞれ工場を立ち上げて、九二年にいったん帰国。九五年から九九年までの四年間、二度目のマレーシアがあって、そのあと今度は天津へ赴任しました。

天津で工場の立ち上げが終わったら日本に帰国させられることが分かっていたので、上海で仕事がないかと、人材紹介会社の「上海パヒューマ」に登録しました。上海を選んだのは、上り坂の国の中でもやっぱり上海が一番燃えていて、緊張感もあるだろうなと思ったからです。

ずっと海外に出てるでしょ、日本に帰っても会社に居場所がないんですよ。みな、なんか他人行儀だし、自分が担当していた仕事はほかの人間がやっているでしょ。経験を生かそうにも、自分の仕事がないわけです。海外には一度出たら、もう最後という感じでしょうね。くもの巣状態ですよ、巣の外へ外へ行ってしまって、もう元には戻れない（苦笑）。

「上海パヒューマ」からは半年の間に七、八社かな、紹介はしてもらいましたけど、待遇面が合わなかったり、自分の得意分野じゃなかったりして、実際に面接を受けたのは今の会社だけです。今の会社はエアコンや冷蔵庫の部品メーカーで、日本人はもう一人、総経理（社長）だけ。総経理が営業や財務を見て、私が工場の全般を見ています。

会社は上海の中心部から車で一時間くらいの松江区にあります。ここにも工場がどんどん進出してまして、同業は日系だけでも一二、三社、そのほかに台湾系などもある。新しく進出する工場は人を集めるために、給料を高めにする。ワーカーは会社への忠誠心なんてないですからね、一元でも高いところに移って行くので、熟練工の確保は大変です。狭い社会なので、どこの社の給料はいくらだとすぐに伝わる。ウチも二年前にごそっと動かれたことがあります。ワーカーは三〇人ですが、そのうちの八人ですからたまんないですよ。退職届なんてものは出してこない。出勤して来ないから確認したら他の会社に移っていた（苦笑）。移った先は、日系でした。その後、日系同士で工員を取り合う状況は良くないというので、日系同業社で集まり、日系から来た人間は採らないようにしようと取り決めました。でも、敵もさるものでね、履歴書に日系に在籍していたことを書かないんですよ。中国系の会社名とかウソを書く。こっちはそれを信じて雇うでしょ、あとになって同業他社から

「金井さんのところにウチの従業員が行っていますよね」

と嫌味を言われたこともあります。

人員補充は人材紹介センターに頼んだり、社員からの紹介もあるので困らないんですが、熟練者はそうはいません。面接に来た者は、「私は経験があります」と言いますけどね、それが曲者なんですよ。採用して実際にやらせると、全然できない。今は、面接はせずに、実技テストの結果で採用しています。実技をさせると、技能だけではなく人柄も見えてきます。これまでの経験と勘で、目つきと動作を見れば怠慢かどうかは大体分かる。その勘はまぁ八割くらいは当たりますが、二割は騙されてます（苦笑）。

私の持っている技術は、小出しにして教えてます。いっぺんに教えちゃうと、向上心の高いワーカーはもうこの会社では覚えることがないと思って辞めてしまうから。私からまだ教わりたいなぁってところで抑えておかないといけない。汕頭の時に痛い目にあっていますんでね。ほら、私も、ラクになりたいから、中国人に全部私の技術を教えるわけ。そうして全部覚えると、彼らとっとと辞めちゃいました

▲自分を高めていくという気持ちを忘れずに働きたい

よ。すると、私はまたイチから教えなきゃいけない。それに中国人は、自分が覚えたことを他の人には教えません。逆に、

「私が辞めたら会社が困るでしょう。だから、給料上げてくれ」

と交渉してくる。それでイチイチ給料を上げてたらキリがないので、給料を上げないでしょ、そうすると他へ移っていく。だから、技術は小出しです。当然、私の負担も大きくなるし、毎日すごく忙しい。だけど、辞められるよりいいじゃないですか。

よく働いた優秀なワーカーには報奨金を渡す制度が有効だとは思うんですが、それも明確に分かる制度にしないと面倒なことになる。最初はいいんですよ、あとからだんだん不満が出てくる。給料の明細書を見せ合いますからね。だから、

「彼が奨励金をもらえるのに、自分がもらえないのはなぜだ。私は彼よりもよく働いている」

って各人が談判してきますよ。説明しても納得しないと、機械を変なふうに調整して動かないようにしてみたり。逆恨みというやつです。ほんと、中国は奥が深い…。

マレーシア人は素直でしたよ、言ったことはきちんとやる。ただ、言ったことだけしかしないから、工夫はない。中国人はマレーシア人に比べるとずっと器用ですが、したたかで見ていないと働かない。残業代が欲しいから昼間は手を抜いて、残業代をもらおうとする。ウチは三交代制で、一二時間労働。私が帰ってしまうと、サボり放題になる。だからと言って私が二四時間工場に張り付くわけにいかないでしょ。

密告制ですか？　あるにはあるんですけどね、それがここではうまく機能しない。汕頭の時はワーカーが九〇〇人いたし、いろんな地域から来ているので密告制も有効でしたけど、ここは村社会で、かばいあって密告はしない。同じ中国でも地域によって、ワーカーの管理の仕方も変えないといけない。

毎日こんな感じでしょ、疲れます、イヤになりますよ。でもね、これが緊張感になる。逆に、日本だと緊張感がなくて、つまんないかも知れないね。ここでは毎日が、はっきり言って戦争です。でも、なんだかんだ言って、私はこれを楽しんでいるのかも知れない。私が来たばかりの頃は無法地帯でしたけどね、最近は少しずつですけど工場の中の秩序も良くなって生産性も安定してきました。

中国語ですか？　ベラベラまでは行かないですけど、仕事上は支障ないです。中国語と一言に言っても最初私がいたのは汕頭でしょ、汕頭って北京語が通じない。広東語ベースの汕頭訛りです。赴任する前に北京語を少し覚えて行ったんですけど、使えない。現地に行って、家庭教師を頼んで汕頭の言葉を覚えました、もう忘れましたけどね。その次はマレーシアだから、英語とマレー語でしょ。新しいものが入ってくると、前のものは出ていく（笑）。上海は北京語が通じますけど、上海語があるでしょ。私は北京語で通しますから、従業員も北京語を話しますけど、自分たちに都合の悪い時には絶対北京語では話しませんからね。だから、松江の言葉で話し出したら、「あっ、何か都合の悪いことを言っているな」と思うんです。必要に迫られれば、言葉なんて覚えますすよ。でも、私が言葉を覚えるより、彼ら従業員のほうがはるかに覚えるのが速い。若いからすぐ覚えるし、中国人は語学の才能もありますしね。

年収は五〇〇万円です、駐在員の時より三〇〇万減りましたし、保険や年金も自分で入っています。四〇〇万を日本に送り、残りの一〇〇万で自分は一年間生活する。一〇〇万あったら、中国なら充分ですよ。家賃は会社負担ですしね。帰国の交通費は会社負担で年に一回、あとは自分持ちです。海外傷害保険も自分で入っています。金額はいくらだったかな、カミさんがやっているから分からないなぁ。

ストレス解消は、カラオケ。接待などで日本語の歌が歌えるところにも行きますが、プライベートでは「中国語カラオケ同好会」の会長をやっているんですよ。そこでは、日本語の歌を歌っちゃいけない。中国語上達と趣味を兼ねて始めました。一、二カ月に一度、一五人くらい集まります。メンバーは駐在員、留学生、主婦、それから中国人もいますよ。私の持ち歌はまだ少なくて五曲なんで、もう少し増やしたいと思っています。今度参加して下さい、ユニークなメンバーばかりで面白いですよ。

私のような年代の現地採用ですか？　上海には何人もいます。松江区にも三人いるし、市内にも何人かいるでしょう。中高年がこっちでやっていくためには、しっかりした技術を持っていること、ゼロからスタートする気構えがあること、はっきりした目標を持つこと、途中でくじけない信念を持つこと。

この四つがあれば、やっていけます。もう一つ敢えて挙げるなら中国に骨をうずめる覚悟でしょうか。

（一カ月後）

この前の取材の時に、誘われている会社があると言いましたよね。一カ月前は、上海に残る気持ちが七割以上だったんですけど、急転直下、天津の会社に行くことにしました。

上海の会社には採用してもらった恩も感じているし、従業員のことも気になりますから、かなり迷いました。でも、本社から役員さんが私に会うために上海にいらして、是非来て欲しいと言っていただいて…。それだけ自分に期待してくれているということで、やっぱり嬉しいことですよ。日本では私らの年になると、仕事がない人だっているんだから。

年収は、かなりアップしました。高く自分を評価してくれたということも転職を決めた理由ですね。それと、やはり自分を高めていきたいという気持ちもある。今度は化粧品メーカーという新しい業界で、私としては新たなチャレンジができますから。当面は第一段階として日本向けの容器の製造ですが、今後第二段階として化粧品の製造まで高めていく計画で、それを中国展開していくことになります。今まで部品ですからね、市場でじかに見ることができなかったけど、今度は自分が作った製品が市場に並ぶのをじかに見ることができて、消費者の反応が分かるでしょ、それも楽しみです。

カミさんに相談ですか？　しませんよ、相談したら反対されるに決まってるじゃないですか。上海に行く時も事後報告でしたし、今度も事後報告。決めちゃえば、こっちのものだからね。カミさんには開口一番、「バカっ」と言われました。呆れてましたね。でも、上海では現地採用だったでしょ、今度は本社の嘱託としての採用なので、保険や年金も適用されて福利厚生もあるし、そういった諸々込みで上海の時より良くなるんだって説明したら、納得してました。私ね、中高年の中国での現地採用というので、二年前にテレビとか雑誌に取材されたんですよ、それらを見た企業の人から転職の誘いを何件ももらいました。でもどれも現地採用という話で、本社採用というのは今回が初めてです。

今度の会社では一〇年やってほしいという話なんですが、試験的に一年見ることになっています。会社のほうも見るし、私のほうも見る。互いにＯＫであれば一〇年働くことになります。不安というよりもね、緊張感を持てるなと。上海での仕事は現地採用ですけど、無期限でしたからね。でも、今度は頑張らないと一年で切られるかも知れないわけでしょ、緊張感を持って働けますよ。

生活面はなんといっても上海のほうが便利だから、その点ではね、上海のほうがいいなという気持ちもあるんですけどね。でも、上海に来る前は私、天津にいたでしょう。先日友達に聞いてみたんですが、天津もこの三年でかなり変わったみたいです。トヨタが進出したことで、関連企業も出てくるでしょ、それで急激に街が変わったそうです。日本人も優に一万人いるらしいですよ。日本人の友達だけでなく、中国人のマージャン友達もいるし、まぁ元気にやっていけるでしょう。

問題は家族です。カミさんは分かってくれていますが、息子がね…。上の子は高校生なんですけど、「パパ、また仕事をかわったの?」って否定的に言うわけです。ダメ親父ですよ。日本では仕事をかえるということはマイナスイメージだから、子供にもマイナスに映っているんですね。三日後に帰国して二週間くらい日本いるんでね、上の子とじっくり話をしようと思ってます。名誉挽回しないと（笑）。

⑰植物組織培養業

土下信人

Tsuchishita, Nobuhito

中国に来てやればやるほど、日本の農業の良さがわかってきた

一九四九年六月三日生まれ　愛知県出身
名古屋大学農学部農芸化学科、食品工学科卒
上海百奥微繁植物有限公司
総経理（社長）
【上海歴】　二〇〇二年六月～
【休日】　日曜日
【住まい】　1LDK（四〇平米）に単身赴任

上海の片田舎へ、ようこそ。

この孫橋現代農業開発区はハイテク農業の開発・教育基地で、一四〇ヘクタールの広さがあります。中国初の農業開発区でもあるんですよ。

私がここに来て、ちょうど二年になります。国営企業の組織培養の指導をしてくれということで、上海市政府からの招聘で外国人専門家としてやって来たんです。いずれ私と中国側で合弁会社を立ち上げるという前提でしたが、事情が変わっ

て一人でやれということになり、昨年九月に私の会社として立ち上げました。

中国の農業への補助金システムは、日本とは大分違うんですね。日本ではどちらかと言えば、施設を作るための補助金が多い。実際は温室栽培などハードへの補助になっていて、農家にとっては温室は自分のものになるけど、それでおしまい。苗とか農業をやっていくための技術やノウハウに対しては何の補助もない。そこが、日本の補助金システムの良くないところです。ところが、中国はソフトにもハードにも補助金を出す。だから、私のような組織培養の専門家を日本から連れて来ようとするわけです。

農薬問題など確かに中国農業にはまだまだ問題もありますが、政府が農業を重視していることは確かです。上海政府の幹部と会った時に、「私たちは日本の過ちは犯したくない。日本は自給率が低すぎる。それでは独立国と言えないではないか。中国は日本の失敗を繰り返さないために、農業を重視していく」と話されたのが印象的でした。

大学卒業後は、微生物にかかわりたくて、カビを作る会社に入りました。日本のシェア三〇%くらいを占める会社です。カビの種類はとても多いんですが主として麹菌があって、その中でもお酒用、醤油用、味噌用がある。私は味噌用を担当。カビに紫外線をあてて変異させて、分析して、それぞれの味噌会社用の新しいカビを作る。面白い仕事ですがね、醸造界のしきたりの厳しさに閉口していました。

カビ屋で働いて六年ほど経った頃に、細胞融合技術というものが開発されたというニュースを聞いて、いやぁ、驚きました。学生時代の植物への興味がよみがえり、醸造界から植物組織の培養の世界に入っていったんです。二〇年以上前のことです。

種苗屋は儲かるぞと思って、農家の社長と一緒にベルディというベンチャー企業を作りましたけど、その頃、植物の培養ってのは始まったばかりの分野で、会社を作ったのはいいけど一体何を増やしたらいいのか分かんない。農家に言われるままに、植物の成長点である芽の先端を切って、大量に増やすということを始めました。初めに扱ったのは、セントポーリアでしたね。そのうち園芸企業からの大量注文が来るようになり、しばらくして大手ビールメーカーの資本が入ってからは経営が楽になっていきました。

その後、パイナップルの自由化を迎えて大量生産を計画していた沖縄経済連から来て欲しいと言われて、沖縄に合弁会社を作って出向したり、台湾や広州の委託先での種苗指導や日本たばこのアグリ事業部のコンサルティングもやりました。それからさまざまな経緯や挫折もあって、完全に独立。しばらくして、上海市政府の招聘があった。それまでの約五年間はコンサルティングをしてきたでしょう、これからは生産を基本に置いた組織培養をやりたいと思っていたところで、ちょうどいいタイミングでした。

毎月生産している種苗は四、五万本。年間を通してコンスタントに仕事をしていきたいので、観葉植物を主に扱っています。品種は一五〇くらいです。年間生産五〇万本くらいのシステムができて、やっと安定したかなというところです。大量生産は中国の人にとって簡単なんですが、多品種少量生産というのは彼らにとって未経験で難しい。このシステムを作るだけで、二年の時間がかかりました。

観葉植物と言っても、土を使うのではなくハイドロカルチャーです。ハイドロカルチャーというのは、粘土を一二〇〇度くらいの熱で発泡させたハイドロボールという植え込み材料を使います。土よりも根

▲生産を委託している会社の中国人董事長と。中国農業の将来を語り合う

を健康に保つことができて清潔なので、欧米では観葉植物の主流です。日本でも東京都などのように公共の場では土モノ禁止の条例を出しているところもあって、今後普及していくはずです。

僕の会社で組織を培養するでしょう、その後に、苗になるまでの生産を孫橋農業開発区内の会社に委託します。この会社は以前は、ポインセチアを作っていたんですよ。それがハイドロカルチャーを生産し始めたのは、ここの董事長（会長）が去年一〇月に日本でハイドロカルチャーのシステムを見てから。一品種大量生産をやっていたのを多品種少量生産で行くという決断は大変なものですが、そこからが速い。今年四月には三〇〇〇坪をすべて、ハイドロカルチャーの最先端の施設に替えたんですから。これだけの規模のハイドロカルチャーの施設は日本にも中国にもありません。たったの半年で、ここまでにしたんですよ。このスピード感、日本にはないですよね。

種苗業は、リスクの高い仕事なんですよ。例えば、農家は「今、これが売れているから、この品種を培養してくれ」とか言ってきますけどね、種苗ができるまでに一年かかる。それからさらに一年以上の時間をかけて成長するので、市場に出るのは二、三年後です。その時、それが果たして売れるかどうか…。一品種に対して大体二〇〇〇本を作りますけど、一年後に苗ができたとしても、売れないと判断されればその後の注文はありません。その後の大量の種苗の受注を期待しているからこそ、二〇〇〇本という少量でも受けているので、そうなると困るわけです。だからこそ、この種苗は作っていいかどうかの目利きをして、リスクを分散させなければならない。

目利きのための情報収集ですか？　これから何色が流行るだろうかと、いつも考えてます。パリコレとか、マスコミの色使いの傾向はどうだろうとかをチェックする。だから、書店でよくファッション誌を立ち読みしてますよ、変なオジサンが女性雑誌コーナーにいると思われているでしょうけど（苦笑）。私が今まで見てきたところでは、花の流行は最先端のファッションと二年くらいずれてるんですよ。今、茶色か渋い梅干色の花が流行っているでしょう？　そんな渋い色の花が流行るなんて昔では考えられませんでしたよね。それとね、例えば白色って一口に言ってもいろいろな白がある。胡蝶蘭でも、五年前は漂白剤の白が好まれたけど、今は重厚感のあるパール系の白が流行っています。漂白剤が流行っている時に、次はパールだと思っている人が今、儲けているわけですよ。

だから、女性たちのファッションセンスがどんどん良くなっている上海では、花に対するセンスも良くなっていくはずで、今後は「可愛いもの」消費が伸びていく。初めは日本市場向けの種苗開発、生産しか考えていませんでしたけど、最近の上海の変化は大きい。上海市場を狙った展開も考えているのは、女性たちのファッションセンスの変化を感じるからでもあります。

それと今、上海はすごいマイホームブームでしょう。贈り物需要だった観葉植物が、今は自分需要になってきている。ミニ観葉植物にも目が向き出して、売れるようになっている。二年前に上海に来た時はここを市場として見るのはムリだろうと思っていたんですけどね。

グリーンサービスを上海で展開したいと思っているんです。まずは日系企業や駐在員家庭に向けて、日本のクオリティの商品をメンテナンスも含めたレンタルサービスをやろうかと。上海に来た当初は、中国の内蒙古などでは砂漠化が深刻化しているでしょう、だから、緑の万里の長城を作る事業に貢献したいと思っていた。それが、今はちょっと変わりました。競争社会で潤いを求め始めている上海の人の心の中に万里の長城を築いていきたいと（笑）。

グリーンサービスはね、上海の建築事情から言っても必要なんです。日本でもハウスシック症候群が問題になっていますけど、上海はもっと深刻です。内装後の塗料の臭さはかなりひどいでしょ、しばらく時間を置かないと部屋を使用できない。上海市政府は緑化事業を強化しているので街の中には緑が増えていますけど、部屋や店の中は意外と殺風景。ちゃんとしたレストランでも、造花でお茶を濁している。それは植物を置くことで空気の清浄化ができることを知らないからです。

それでもね、若い世代はすぐに反応しますね。先日、ファーストフードチェーンの女性アドマネージャーが来社したんですが、三〇歳になるかならないかで二〇〇店舗を統括している。売上げから見れば成功しているわけだけど、「今の空間では潤いがないから植物を置きたい。でも、衛生面を考えて土モノは置きたくない」と言う。ホルムアルデヒドを吸収するにはサンセベリアがいいとか、空気清浄化に有効なことを話すでしょう。すると、それはいいと即座に納得する。今後どう話が進むかは分かりませんが、彼女のような人たちが活躍していることからも、グリーンサービスはイケるんじゃないかと思うわけです。四、五〇代の文化革命世代のような自己弁護しかしない人たちもいますけど、三〇代以下は変わってきている、情報を受け入れる能力がすごいし、発想もグローバル。頼もしいですね。

僕は、楽天広場のブログで日記を書いてるし、メルマガも出しているでしょう。同じように上海でビジネスをしていて日記を書いている人が何人かいる。みんな二、三〇代の若い人たちですがね、頑張ってますよ。時々個別に会ったり、何人かで集まっては上海でのビジネスについて意見交換したりする。グリーンサービスという発想も、そこで話すうちに生まれました。

学生時代から日記はずっと書いてきましたけど、楽天で日記を始めたのは、ビジネスの武器にしようと思ったから。以前はカビ屋さんだとか農家といったプロが相手だったけど、これから中国でやろうとしていることは消費者が相手になってくる。私が失敗しながらも農業をやっている様子を伝えて、ファンを作っていきたい。だから、どう書けば思いが伝わるかを試行錯誤しながら、文章を書いています。当初は、一日のアクセス数といっても三〇くらいのものでした。今、ようやく一八三になったので、今後の目標は二〇〇にすること。今日で二二八日目だから、二五〇日目には五万アクセスを目指したい。ネットだから反応が早いですね。自分が考えているビジネスの構想とかがどんなふうに受け止められるか、それを知ることができる。若い人たちの意見や発想も刺激になっています。

グリーンサービスの観葉植物は、メイド・イン・チャイナだけれど、メイド・バイ・ジャパニーズのサービスで行きたいと思ってます。中国に来てやればやるほど、日本の農業の良さが分かってきたから。日本から農協の視察団が来るでしょ、みんなショックを受けて帰っていく。政府の補助金で、水耕栽培やバイオ技術を駆使した最先端の農業をやっているのを見て、「日本の農業は負けてしまう」なんて言う。中国の市場の大きさにも萎縮する。でも、それは違うと思うんですよ。日本の農業の良さって絶対ある。中国への輸出の手続きが複雑ですけどね、中国のマーケットは日本の農産物を必ず欲しがると思うんです。金持ちがどんどん増えているから、クオリティの高い日本のものを食べたくなる。日本はここしばらく中国からの輸入農産物にどう対抗するかという防戦ばかりでしたけど、防戦だけでは負けるだけ。中国のマーケットをどう攻めるかを考えていかないと。そういう意味でもお手伝いをしていきたいし、日本の農業のクオリティの高さを伝えていく役割も果たしていきたい。

開発した種苗の生産委託先はこの孫橋農業区内の企業だけでなくて、安徽省にもあるんですよ。立派な施設を持っている国営企業です。来週の月曜日は夜行列車で安徽省に行って、火曜日の夜には上海に戻ります。水曜日に打ち合わせがあって、木曜から土曜日までは日本のお客さんが来るのでアテンドですが、来週は日本に帰りたい。家族も待っているので一カ月に一度は帰国するようにしているんです。

楽天ブログ「つっちーのおもしろすぎるぜ。中国で農業」http://plaza.rakuten.co.jp/tsuchishita
ホームページ　http://www.geocities.jp/xinrenshanghai/index.html

⑱オリジナル化粧品販売・卸業、衣料雑貨店経営

奈須野孝

Nasuno, Takashi

日本式は通用せず、大事なのはスピード。走りながら決断しなきゃ

一九四六年一月三日生まれ　山梨県出身
日本大学法学部卒
上海瞳奈貿易有限公司、上海瞳孝商貿有限公司
総経理（社長）
【上海歴】　一九九七年七月〜
【収入】　日本でのサラリーマン時代の一〇分の一
【休日】　なし
【住まい】　2LDK（一五平米、家賃六〇〇〇元）に妻と二人暮らし

「hitomi」っていう化粧品のブランド名は、女房の名前（ひとみ）でして。女房の名前がついた化粧品なんて面白いなぁって、まぁ冗談から始まったようなもんです（笑）。

アイシャドー、口紅、マニキュアそれぞれ二四色から始めて、アイシャドーは四二色、口紅は二種類あって一種類が三〇、新しいのが二〇、マニキュアが三六色。ほかに、チークとリップグロス、パウダーを展開しています。化粧品は主に、香港

系のコスメ・日用雑貨店「ワトソンズ」に卸していて、上海市内が九店舗、上海以外だと南京や杭州など五店舗に置いています。そのほかに、洋服とアクセサリーのセレクトショップを四店舗やっていて、その一角でも化粧品を販売しています。

化粧品部門と洋服部門を別法人にしていますが、社員はあわせて四〇人。化粧品部門だけで三〇人ちょっといます。化粧品は売り子次第で売上げがずいぶん変わるんですよ。化粧品には売り込むテクニックが必要なので、毎月二日間、勉強会を開いて接客態度や「この春のオススメの色は何色」とか研修させています。ワトソンズに入っている化粧品メーカー九社中、ウチは平均すると五、六番目というところですが、売り子が優秀な店では資生堂、メイベリンに次ぐ三位につけてます。

売上げを伸ばせない子はすぐに辞めていきます。初期の売り子なんて、一人も残っていませんね。平均すると在社期間は四カ月くらい。毎月、少ない月でも五人、多い月だと一〇人は辞めますから、月に二回は新聞広告を出しています。先月も、新たに六人採用しました。求人広告ではあるけれど、定期的な自社広告だと思って出しているんです（笑）。こっちの子は面接にね、彼氏と一緒に来たりするんですよ。店の外で面接が終わるのを待っている男性を見ると、面接に来た女性をある程度判断できたりします（笑）。給料日にもね、彼氏が外で待っていることが多い。優秀な売り子の彼氏はやっぱりきちんとしていて、私にもちゃんと挨拶をしますね。

上海には一九九七年に、三洋電機の駐在員として来ました。四年働いたところで帰国の内示が出たので辞めたんですが、理由はいくつかあります。その当時、私は五四歳。日本に帰ったら五五で、三洋電機ではあと二年したら管理職定年でした。もう現場にはいられなくなる年齢です。帰国後のポジションを聞いたら、リストラされた人たちに将来設計を指導・教育する部長だっていう。イヤじゃないですか、面白くないし夢もない。

こっちでは定年退職した人が若者と一緒に語学を楽しそうに勉強しているなんて話も聞いていたんで、そんな生活にも憧れがあった。犬も飼ってましてね、ウチは子供がいませんから自分たちが帰るなら、犬も連れて帰らなきゃいけない。しかし、実際日本に連れて帰って飼えるのかという問題もあった。上海もすごく好きだったし、じゃあ残ろうと。ウチの奥さんも「残りましょう」って言ってくれて。私がイヤな仕事をして家で不機嫌な顔をされるくらいなら、上海に残ったほうがいいと思ったようです。彼女は学校にも通って中国語も話せるようになっていましたし、上海も気に入っていましたので、すんなりと残ることになりました。

二〇〇一年二月末に会社を辞めて、交通大学にすぐに一年分の学費を払いました。女房との約束は、「二年間学生生活をやる」。留学が終わった後に、現地採用でどっかの会社に入って、家賃くらい払えればいいかぁと思ってました。夢の学生生活ですからね、行きましたよ、希望に燃えて(笑)。ニーハオからスタートして、半年休まず行きました。夏期講習もちゃんと出て、たいしたもんでしょ。皆勤ですよ。

二年間学生をするはずだったんですけど、夏期講習中だったから六月か七月ですよ、仲のいい台湾人の友人のホームパーティでね、化粧品のブランドを作って売り出そうって話になった。その友人が化粧品のOEM工場をやっていて、作ってやると言う。その席には、日系化粧品会社の駐在員もいて、彼も「それは面白い話だ」と。わいわい盛り上がるし、三〇〇万円でできるっていうし、それならやってみ

▲オリジナルブランド化粧品を立ち上げて３年。知名度も上がって来た

るかと。

販売するためには医薬部外品の許可などの役所関係の手続きが必要だというので、とりあえず会社を作ろうと、二〇〇二年七月に登記をしました。化粧品を作ったら売る場所も必要だから、店舗物件も探さないといけない。一〇月くらいまでは学校に行きましたけど、店の内装が始まってからは進行状況を監督してないと手抜きをされちゃうんで、現場にも行かないといけない。そのうち、学校に行く時間がなくなって、夢の学生生活は一年経たないうちに終わりました（笑）。

誤算もありました。最初三〇〇万くらいかと思っていたのに結局、八〇〇万近くの金が仕入れにかかり、内装費なども含めると全部で一〇〇〇万円くらいになりました。今、考えれば当たり前のことなんです。化粧品ブランドを作って、売り出そうなんて、個人の資金で片手間にできることじゃないわけですよ。

偶然、偶然で進んで来ただけです。私がビジネス的に計算したのは、店舗を出すなら茂名南路とこだわったことだけです。アッパークラスを狙うべきだと思っていたので、外資系企業が入居するオフィスビルに近い茂名南路じゃなきゃダメだと。それが、当たりました。この場所で健闘しているというのがワトソンズの目を引いて、卸して欲しいという申し出があった。でもそれ以外は、ほとんどが偶然ですよ。

二〇〇一年一二月一五日に店をオープンしたんですけど、なんと、その年の有馬記念を当てちゃったんです。四年ぶりの競馬でしたけど、万馬券で二〇〇万円の儲けがあった。ウチの奥さんには、「あなたは、これで全部のツキを使い切った」と言われましたけどね、二〇〇万あれば店の家賃を半年払えるから、半年は営業できると思いました（笑）。その半年後にはワトソンズからの話が入ってきた。面白いもんですよね。

去年はいろんな大変なことがあったんですよ。会社は、三洋電機時代の右腕だった男性と女性秘書、この二人の中国人に加わってもらって、男性の名義で会社を作ってスタートしました。彼とは長いつき合いで、とても信用していましたけど、去年の旧正月頃からちょっとおかしくなってきた。本人はいい人なんですけど、奥さんや友達、親族から、「あれはお前の会社じゃないか。日本人なんか追い出せ」と焚きつけられてしまった。内情は赤字でも、社員も三〇数人いる。大きくなっているように見えたんでしょうね。

会社を作る時に知り合いの中国人の弁護士さんから、

「奈須野さん、契約書には安全弁を作っておきましょう」と言われました。

「まさか、あいつとは長いつき合いですよ、会社を乗っ取るなんて有り得ない」と答えたんですが、本人は良い人でも周りに茶茶を入れる人間がいる。これが中国の特徴なんだと説得されて、そんなに言うならと弁護士さんにお任せしました。彼が乗っ取ろうとしたら、私に全財産を取られるっていう項目を入れたんですが、それが結果的に活きてきました。弁護士さんは、

「ほら、私が言った通りでしょう」と。

駐在時代の経験から言って、名義は借りるけど金は全部私が出すんだから、ある程度の縛りは必要だと思ってましたよ、だけど、ここまでやる必要があるとは正直思っていなかった。

この問題が片付いたと思ったら、今度はSARSですよ。あと二カ月SARSが続いていたら、ウチはつぶれてました。「ワトソンズ」に全く人が来ないから、商品が売れない。街から人がいなくなって、好調だった洋服やアクセサリーもあまり売れない。商品は売れないけど、家賃だけは取られていく。ヒマでも給料はそれなりに払っとかないと、社員が辞めちゃうから我慢して給料も払うじゃないですか。SARSが来る前も化粧品部門は赤字でしたけど、収支計画通りの赤字だった。だけどSARSのために、赤字幅が収支計画を超えるものになってしまって、去年の七、八月の時点で資金ショートを起こしました。

実はね、化粧品をやめてしまえば、ウチは黒字なんです。服だけならここを入れて四店舗、その売上げで私と奥さんが支障なく暮らしていけるくらいはある。でも、化粧品って夢があるでしょう。夢をなくすのはイヤだなと思いつつも、やめることをこの時は真剣に考えました。

そうこうするうちに九月くらいから状況が良くなって、一一月に単月で初めて黒字になりました。このペースでいけば、あと一年半くらいで黒字になるでしょう。こんなふうに夢が見られるのも、安定した洋服の売上げがあるからです。

洋服のセレクトショップを始めたのも、偶然です。会社は登記上は郊外にありますが、市街地で仕事をするためには法律上支社を作る必要があった。二坪の物件が市中心部で見つかって、そこを支社として登記しました。二坪なんて使い道がないからずっと空き物件だったわけで、ウチでも二カ月以上ほったらかしにしていた。倉庫にでもするかと思っていたんですけど、女房が「あれ、ちょうだい。面白そうだから、服を売ってみたい」と言い始めて。そのうちに仕入れ先も見つけてきて、彼女のセンスで選んだ洋服を売り出したらそれが当たった。化粧品の赤字を補塡できるようにまでなって。洋服をやってなかったら、ウチはほんとにつぶれてましたね。

右腕だった男性には辞めてもらいましたけど、僕の秘書だった女性は今もよく働いてくれています。私は会社の基本方針を決めることと財務を見るだけで、彼女に化粧品部門の運営や人事など完全に任せてます。どっちが総経理（社長）か分かりません（笑）。優秀な人ですけど、給料はむちゃくちゃ安い。そのかわり、会社の株数パーセントを彼女に渡していて、出資者が増えようと資本金が増額しようとパーセンテージは固定という条件です。だから「今、給料が安くても将来楽しみだよ」と言って頑張ってもらっています。日本語と英語がベラベラでね、何から何までやってくれているので、彼女なら将来コンサルティングもできるんじゃないかと思います。

日本にいた頃の上司はもう取締役になっていますけどね、一号店をオープンした時には日本からわざわざ来てくれました。「お前には世話になったし、一番の客になる」って言ってね。三洋時代の同僚にも助けられましたし、三洋の人間には感謝してますよ。

偶然、偶然で始まりましたけど、後ろは振り向かない。振り返ったって戻ってくるものじゃないし、くよくよ考えてもどうにもなるもんじゃない。女房は私のことを「むちゃくちゃ楽天的だ」って言いますね。上海の人たちはとにかく前へ前へと進んでいくでしょ。私はそんな上海の気質と合っているんですよ。

化粧品を最低ロット数作ってしまったら、量的に言って一店舗だけで売れるわけがないじゃないですか。使用期限もあるのに、どうすんのって。日本でもコンビニやスーパーで売ってるんだから、上海でもできるだろうって調べてみたら、上海のスーパーでは化粧品はぜいたく品だからレジを通せない。こんなことは本来なら、やる前に調べておくべきです。運良く知らなかったから踏み出せたんであって、事前に調査していたら化粧品ビジネスなんてやらなかったかもしれない。

中国的ですか？　そうですね、まったく中国人ですね、私は（笑）。日本人だったらもっと調査しますもんね。でもね、仕事上のカンは外れてません。だてに営業三〇年やってきたわけじゃない。だから、中国人の気質を分かって、かつ自分の経験を生かせたら、中国でそう失敗はしないと思います。中国人は自分中心に地球が回っていると考える人たちで、その集まりが中国なわけです。会社の金だか、自分の金だか区別がつかないようなやり方をしますしね。そういったことを理解した上で、私たち外国人は動かないと。プライベートでは私も中国人が好きですよ、でも仕事でつき合うとなると疲れるんですよ。

それと、上海で大事なのは、スピードですよね。日本的に熟慮に熟慮を重ねてゆっくり考えてなんてやってたら、上海では通用しない。上海のスピードに合わせて走りながら考えて、決断していかないと。

この市場は面白いですよ。遅れている部分があるかと思えば、日本以上にめちゃくちゃ進んでいる部分もある。混合しているところに面白さがある。

中国語ですか？　少しずつ上手くなってきたって言われますけど、いまだに喋るのはダメですね。中国語って音痴には全然ダメな言葉だと思います。私ね、ものすごく音痴なんですよ。聞いた音をその通りに表現できないから、音痴と言うわけでしょ。中国語は特に、音が大切。私だって、聞こえるのは聞こえているんです。でも、二声と四声が全くできない。三声はいいんですけどね。本人は二声のつもりでも四声になったり、四声のつもりが二声になったり。学校でもよく言われました。でも聞くほうは何とかなるから、一生懸命伝えようとすれば相手も理解しようとしてくれて、なんとか通じるんですよ。不思議なもんで、日本語で通しても相手が理解してくれたりします（笑）。

会社を辞めた時点で、日本には帰らないって決めました。女房にも宣言しました、永住です。日本にいた時の家財道具はこっちに駐在する時に会社の倉庫に入れたんですけど、会社を辞めると決めて一切合財処分しました。気になるのは、女房のお母さんのこと。上海に呼びたいなと思ってね、こっちならいざとなったら人を雇って、完全介護もできますから。日本ならそんなことしたら破産しちゃいますけどね。

あとがき

中国に来ると人はどうも〝向こう見ず〟になるようだ。

私自身、一年の留学のつもりが、もっと中国のことが知りたくて働こうと思い立った。とは思っても、私にできる仕事は雑誌の編集か記事を書くことだけ。調べて、思案して、対外宣伝のために日本語誌を出していた国営雑誌社にターゲットを絞った。中国語辞典をひきひき丸一日かけて書いた職務経歴書を、ラジオ局記者の友人に見せると、

「これじゃダメよ」と、けんもほろろ。

どんな分野を担当して、どんな記事を書き、編集をして来たのかを要領よくまとめたつもりだったのに。

「あなたは毎月何千字、何万字書いて、一年で何万、何十万字を書いていたの？　出版社で働いた数年間でどれだけの文字を社会に発表したのよ？　それを書かなきゃ」

ええっー？？？　文字数なんて、数えたことなんてあるわけがない。社会に発表したなんて、そんな大層な。ひるむ私に、彼女がハッパをかける。

「ほら、計算して」

ターゲットと決めた雑誌の背表紙には、住所と一緒に電話番号も書かれていたが、電話をしてたらい回しにされるかもしれない。出かけたほうが話は速い。翌日は授業を休んで出版社を訪ねた。気のいい守衛さんに教えられた通り、薄暗い階段を上って三階の日本語部の部屋をノックした。

「日本人の留学生です。ここで働きたいのですが」

中国語で言うと、親切そうな中年の男性は美しい日本語で、「そうですか。まぁ、どうぞどうぞ」と椅子を進め、皆に声をかける。部屋の四方から五、六人が集まって来て、私の職務経歴書をのぞき込む。

「最初は上海に留学したのね」

「日本では出版社で働いていて、何々、毎月○○字書いてた？　充分だねぇ」

「上海と北京はどっちが好き？」

お湯呑み持参で集まって来た人もいて、私の経歴書は、ふいに訪れた休憩時間のサカナになっている。どうやら歓迎されていないわけでもなく、アポなし会社訪問は、第一関門を突破したようだった。話がひと段落すると、最初に応対してくれた男性が、

「ここで働いて欲しいけれど、今、日本人の空きはないんですよ」と、気の毒そうに言う。

「そうですかぁ」。ガクンと肩を落とす私を見て、すかさず、

「日本語誌はほかにも二誌あります。今ちょうど、日本人を募集しているはずですよ」と、フォローの言葉が入った。そして、二誌の住所と電話番号、責任者の名前をさらさらと書いてくれたのである。

今度はアポをとって二誌を訪問、私はそのうちの一誌に運良く採用された。文字数がそれほど大切なのかなぁと半信半疑だったが、訪ねた二誌の責任者は二人とも、「毎月これだけ書いていたのなら、大丈夫ですね」と、判を押したように言った。翻訳の試験もあったが、経歴書に書いた文字数はアピール力があったようだ。友人のアドバイスは大正解だったのである。

あとから分かったことだが、採用された私の立場は中国語で「外国専家」、つまりエキスパートという、

まさにその分野の一流専門家の外国人に与えられるという恐れ多いものだった。これまで出版社や通信社、ラジオ局の日本人専家のほとんどが、日本のマスコミを定年退職した経験豊富なベテラン記者が招聘されており、代々の専家が次の人物を紹介するケースが多かった。

というわけで、人材紹介会社から斡旋されたり新聞雑誌の求人欄で見つけられる類のものでもなく、ましてやアポなし会社訪問するような人間はいなかったようだ。私の就職活動を行動的だ、積極的だと言えば聞こえはいいが、日本の常識から考えれば向こう見ずな図々しい話だ。しかし、その向こう見ずさのおかげで私は一年間、国営出版社勤務という得難い経験ができ、今の仕事にも役立っている。

本書に登場する一八人も多かれ少なかれ、向こう見ずな人たちである。中国語が全くできないままに上海に飛び込んで仕事を見つけた人、ＯＬから一転して異業種で起業した人、駐在帰任の辞令が出たと同時に退社して新たな夢に挑戦する人…。職種も世代も、また上海へ来ることになるいきさつもさまざまだが、みな、新しい世界にためらわずに挑戦する冒険心を持っている。

仮に、今の日本で新しい何かを始めようとした時、周囲は知恵と常識でもってその無謀さを諫めるだろう。それが二〇代の若者であれば尚更だ。若すぎる、経験がない、熱意だけではどうしようもないと。それが上海に来るとどうなるか――。誰もが一国一城の主でありたいと願う、市民総起業家体質とも思える上海っ子が隣にいるのである。見切り発車もいいところ、向こう見ずを絵に描いたような人たちがてんこ盛り状態なんである。「いいじゃないか、頑張って」と励まされ、時には「自分もその話にかませて欲しい」「もっといい儲け話もあるぜ」と、煽るような言葉さえ聞こえてくる。

疾走するかのように変化を続ける上海に魅せられて、世界中から人と資本が集まってきている。中国人・外国人を問わず、夢を語り、つかもうと奮闘している。他者の発するエネルギーに刺激を受け、それをまた自身の原動力にする。しかし、社会体制の違うこの街で働く以上、もちろんリスクも大きい。先も読めない。傲岸とさえ思える中国人の自尊心の高さに辟易することもある。同じような姿形をしているのに日本人の常識では到底理解できない中国人の言動に振り回され、疲れ果ててしまうこともある。

そんな異文化のなかで戸惑い、怒り、へこんだりするうちに、日本では常識と思っていたさまざまな枷がはずれて向こう見ずに、そして自由になっていくのかも知れない。その先には、リスクや苦労があるだけに大きなリターンがあることを、一八人の物語から感じとって頂けるのではないかと思う。

最後に、本書のインタビューにご登場頂いた一八人の方々、インフォメーション記事執筆のために情報を提供して下さった多くの友人・知人、伴走者として励まし続けてくれた編集者の戸塚貴子さん、そして本書を手に取って下さった読者の皆様に心よりお礼を申し上げます。また、これまでの数年間に、雑誌や新聞で取材させて頂いた中国で働く一〇〇人以上にのぼる日本人の方々の熱い思いに支えられて、書き上げることができました。非常感謝！

須藤みか

上海で働く

INFORMATION

めこん

Information ■ 目次

旅立つ前に

❶ 日本からの荷造り

「むかし３Ｓ、いま４Ｓ――」。

日本人ビジネスマンが駐在したい都市と言えば、以前ならサンフランシスコにシドニー、シンガポール。頭文字をとって３Ｓだったのが、最近はそこに上海が加わって、４Ｓになっている。気候といい、暮らしやすさといい、３Ｓにひけをとらなくなってきたというわけだ。それほどここ数年で、上海の生活環境は格段に良くなっている。

外資系デパートやスーパー、コンビニエンスストア専門店なども増えており、生活に必要なものはほとんど手に入るようになっている。日本食品も割高にはなるものの購入できるので、日本から持参する荷物は最低限の身の回り品に限ったほうがよいだろう。

そのほかの荷物は、国際郵便小包や国際宅配サービスを利用して送ればよい。国際郵便小包の航空便は約１週間で到着するが割高なので、SAL便（約10日～２週間）や船便（約３週間～１カ月）を使えば経済的だ。

海外引越し便の利用料金は高額なので、駐在員など会社から引越し費用が支給される場合をのぞいて利用することはないと思うが、もしも利用する場合は、労働ビザ、外国人居留証を取得後でなければ荷物を受け取ることはできないので注意が必要だ。

日本から持参したほうがよい物

●**ノートブックパソコン**（ノートブックタイプは日本で購入したほうが安い。電圧が220Ｖに対応しているかどうかの確認が必要）
●**ソフトウェア**（正規の日本語のものは現地では手に入りにくい）
●**カメラ・デジタルカメラ**（日本で購入したほうが安い）
●**辞書・語学参考書、文法書**（上海でも日本語書籍を扱う店で購入可能だが、種類が少なくかなり割高）
●**ガイドブック**（地図や地下鉄路線図、デパート、専門店、レストランなどが掲載されているので、現地での生活に慣れない間は役に立つ）
●**卒業証明書**（労働ビザの手続きの際に必要となる。英文のものを用意すること）
●**衣服**（上海の気候は日本とほぼ同じなので、日本の衣類を着用できる。白い衣服は洗濯を繰り返すうちに灰色がかるなど変色するので、高価なものは避けたほうがよい）
●**薬品**（日本製はほとんど手に入らないので、常備薬やマスクなどは持参したほうが良い。日本製にこだわらないなら、現地で安価に購入できる）
●**化粧品・整髪剤**（現地でも手に入るが、日本で利用しているものを持参したほうが良い。日本製ブランド化粧品は日本で買うより割高で、品数も少ない）
●**文房具**（現地でも手に入るが、品質面で満足できないものが多い。書き心地にこだわるペンやシステム手帳のリフィルなどは持参したほうがよいだろう）
●**カレンダー**（日本を発つのが年初でなければ、現地で購入するのは難しいので持参したほうがよい）
●**クレジットカード**（中国国内でホテルに宿泊する場合、保証としてクレジットカードの提示を求められることが多い。クレジットカードがない場合は、数千元のデポジットを求められることも）

基本的に持参したほうがよいものは上記だが、その人のライフスタイルによっても異なる。日本でこだわりを持って使用していた物は持参するのがベター。それを使えなければ日常生活でストレスが溜まるかどうかを判断基準にするとよいだろう。

現地で購入したほうがよいもの

- **日用品・雑貨・食器**（現地のスーパーで安く手に入る）
- **寝具**（現地のスーパーや専門店で購入できる）
- **電化製品**（賃貸アパートは基本的に家電が備え付けられているので購入の必要がない。コーヒーメーカーやオーブントースター、ポットなどの小型家電が必要なら、現地で購入したほうがよい）
- **携帯電話**（通信方式が違うので、現地で購入する必要がある）
- **ファックス・留守番電話機**（日本から持参も可能だがうまく作動しない場合もあるので、現地で購入したほうがベター。日本のメーカーのものなどが手に入る）
- **デスクトップパソコン**（中国製ならば10万円程度で購入可能）

❷ 海外転出届と国民年金

海外に1年以上転出する際は、居住地の市町村役場戸籍課に「海外転出届」を提出して住民票を異動（抹消）したほうがよい。個人住民税は、毎年1月1日時点に住所を有する市町村、都道府県から、前年1月から12月の所得（給与所得者の場合は転出した年の6月から翌年の5月まで）に対して課税されるので、転出した年度は課税されるが、翌年度からは非居住者とみなされて住民税は課税されなくなる。

海外転出届は出国予定日の2週間前以後に提出すること。

また、海外居住者の国民年金加入は強制ではなく任意となるので、海外転出届の提出と同時に、国民年金へ加入、加入継続、脱退のいずれかを選択する。

脱退する時は、国民年金喪失申出を行なう。ただし、日本国籍がある限り、海外在住期間に国民年金に加入しなかった期間も老齢基礎年金の受給資格（25年以上）を判断する時の合算対象期間となる。

任意加入する場合は、加入手続きを行なう。すでに加入していて継続する場合は、国民年金種別変更届（強制から任意へ）を行なうこと。居住地の市町村に納付を代行委託できる家族がいれば、その親族を「国内協力者」として指定する。家族あてに国民年金保険料の納付書やお知らせが送られる。

国内協力者がいない場合は、社団法人日本国民年金協会を代行機関として指定し、納付を委託することができる（無料）。

すでに海外に転出している場合でも、家族などの「国内協力者」に加入手続きを代行してもらうことができる。

海外転出届に必要なもの

印鑑（代理人が手続きする時）
年金手帳
国民健康保険証（国保に加入している場合）
印鑑登録証（印鑑登録している場合）
国内協力者の住所・氏名（国民年金への任意加入を希望する場合）

詳しくは、社団法人日本国民年金協会へ。
〒102-0093
東京都千代田区平河町2-5-5　全国旅館会館ビル３Ｆ
℡03-3265-2885
FAX03-3265-2894
E-mail：koho@nenkin.or.jp
http://www.nenkin.or.jp/

❸ 入国時のビザ

2003年９月１日より、観光・商用（業務）・親族訪問・通過目的で中国を訪問する日本人は、15日以内の滞在に限りノービザで入国ができるようになった。16日以上滞在する場合は中国においても１回に限り、30日の延長手続きができる。

就職がすでに決まっている場合は所定の手続きを行って、入国すること（詳しくは、P.41）。

入国後に就職活動を行う場合、ノービザで入国しても延長手続きをすれば計45日間滞在することはできるが、ノービザから労働ビザへの変更はできない。そのため、就職活動後、すぐに就職先が決まったとしても一度出国しなければならなくなる。あらかじめ日本で訪問（Ｆ）ビザを取得するか、ノービザで入国後に香港でＦビザを取得し直したほうがよい。

ホテルに宿泊する場合はホテルから臨時住宿登記表(滞在証明書)が提出されるが、友人や知人の住まい、あるいは自宅に滞在しながら就職活動をしようとする場合は、宿泊先を管轄する公安の派出所へ入国後24時間以内に自分で臨時住宿登記表を提出しなければならない。怠った場合は摘発されれば滞在日数に応じて数百～数千元の罰金が課される。

また、上海での雇用が決まり、労働ビザへの変更や外国人居留証などの申請の際に、同登記長の指示が必要になるので、必ず忘れずに提出しよう。

上海市公安局外国人管理・出入境管理処

上海市虹口区呉淞路333号

Tel 021-6357-6666

受付時間　月～土　9:00～11:30　13:30～16:30

▲上海観光の名所・外灘

▲車、自転車で混雑する通勤アワー

就職活動

❶ いま、上海で求められている人材とは

2000年から始まった日本企業の第３次対中投資ブーム。2003年に１日１社と言われた上海への進出は、2004年に入って１日２社のハイペースになっている。それに伴って、日本人の現地採用の求人件数も増加している。

では、実際に上海で求められている人材とはどのような人だろうか。

中国で働くのだから、中国語のスキルは必須条件とされる。スキルはどの程度かと言えば、あくまでも目安だがＨＳＫ（漢語水平試験、P.16参照）で最低でも６級。７、８級が望ましく、９級以上になればかなり有利だろう。しかし、ここで求められているのは単なる語学力ではなく、中国語を手段として中国人と円滑なコミュニケーションが行なえる能力であることを忘れずに。

■ライバルは中国人

しかし、中国語を学ぼうとする日本人が急増しているのと同じように、日本語を習得しようという中国人も増えている。上海に１度でも訪れたことがある人ならお気づきだろうが、上海には日本語を流暢に離す中国人があふれている。日本語を話す人材の多さでは、中国大陸で他都市を寄せ付けないほどなのだ。

中国語が話せるようになれば、すぐに仕事が見つかるなんていうのは90年代の話。上海で就職しようと思った時、強力なライバルとなるのは、日本語のできる優秀な中国人だ。日本への留学経験がな

いにもかかわらず日本語能力試験１級を取得した確かな日本語力を持った人、日本の大学・大学院へ進学し専門分野を修めた人、留学後そのまま日本に残り社会経験を積んで日本社会を理解した人。そんな優秀な人材と競合していかねばならないのが、上海の就職の現実だ。

中国人の大卒の初任給が、上海では平均2,500元。最近は技術職、管理職以外では日本人現地採用者の給与が下降気味とはいえ、１万元がおおよその相場で、中国人の実に４倍となる。中国語が話せる人材が欲しいなら、日本人よりも中国人を雇ったほうがよほどコスト削減になるというのは自明の理。日本語を話せる中国人に勝つためには、中国語プラスαの能力が求められてくるわけだ。

■中国語プラスαの能力とは

プラスαとなるもの何か。まず、企業が求めるのは、日本での職務経験だ。日系企業はコストの高い駐在員を減らす傾向にあり、現地採用者には駐在員に代わるだけの能力が求められるようになっている。同業種での職務経験を求める求人も増えており、専門知識と経験を持っていることが大きなセールスポイントとなるだろう。

「日本では日用品メーカーで営業を７年やって、留学しました。中国語を１から勉強してHSK7級を取得、その後、今の会社に採用されました。業種は違っても、営業経験があったことが評価されたのだと思います」

と言うのは、Ａさん（サービス業、30代男性）。同業種でなくとも、営業経験を持っていることが“売り”となるのは、日系企業がここ数年中国国内での販売を強化しており、営業要員へのニーズが高まっているからだ。

Ａさんは現地採用者に求められているのは、日本人のマインドだと強調する。例えば、10という結果を求めて働く時、結果もさることながら経過を重視するのが、日本的やり方。中国人は欧米的な発想で、10の結果を出せばどんなやり方でもいいじゃないかと考える

ため、経過報告も疎かになる。日本人はリスクも考慮して動くので、３や７の段階での経過報告に応じて軌道修正し、結果的にリスクを少なくできる。

「もちろん、中国人の結果だけを重視するやり方が悪いと言っているわけではないですよ。欧米企業であれば、中国人的発想のほうがよほどうまく行くかも知れません。しかし、日本企業のクライアントは日本企業であることが多い以上、こういう報告や連絡を密にするといったきめ細かさとか、長い眼で物事を判断し先を読みながら動いていくとか、相手を不快にさせない言葉遣いや礼儀とか、日本的なビジネス習慣ってあるじゃないですか、それが必要なわけです。これはいくら日本語が話せる中国人でもそう簡単に身に付くものではない。だからこそ、社会経験があって日本的マインドを持った日本人の現地採用者が必要とされるのだと思いますね」

日本でのＯＬを経て留学、上海で働き始めて３年になるＢさん(20代女性）は、「中国社会や中国人気質、そして上海の街や生活など現地事情に明るいことも大切です」と話す。留学経験者が留学を経験していない人よりもスムーズに就職していけるのも、そのためだ。

さらに、「駐在員や本社サイドと中国人スタッフの間に入って、互いのギャップを埋めていく、コーディネーター的役割も果たせる能力も必要」と指摘する。

社会経験の有無が重視されるのは男女ともに共通だが、日本で機会を与えられることが少なかった女性にはよりチャンスが広がる。日本では転職が難しくなってくる30代女性だが、人材紹介会社の上海パヒューマの高級経理（社長)、松村扶美さんによれば、「自分探しをしている20代よりも安定感があるということで、確かな中国語力と日本・中国でのビジネス経験の豊富さ、中国人のメンタリティへの理解力などが評価されるケースもあり、活躍の場が広がり始めている」という。

■英語力によって広がる選択肢

日本企業をクライアントにしている企業はもはや日本企業だけではない。現地採用者の会を主宰する吉田剛士さんは、

「日本市場を相手にしていたり、あるいはこれから開拓しようする香港・台湾や地元の上海の企業から、いい日本人がいたら紹介してくれないかと連絡が入ることがあります」

と話す。

インタビューページに登場するCMプロデューサーの齋藤久さん（P.60）が所属するのは台湾系CM制作会社だし、雑誌マーケティングディレクターの板屋美幸さん（P.74）も、日本語教師兼総経理（社長）アシスタントの成田愛裕子さん（P.36）も、日本留学経験のある中国人が経営者の会社で働いている。特に、中国の民間企業では日本人の求人ニーズが年々高まっており、中国人経営者や上司のもとで働く日本人は今後ますます増えていきそうだ。

また、グローバル展開をする欧米企業でも、日本企業の窓口となれる日本人を採用するケースも出てきており、中国語だけでなく英語のスキルがあればさらに就職先の選択肢は広がってくる。

欧米企業などでは英語がビジネスレベルであれば、中国語は不問という企業もある。欧米系の高級ホテルが最たる例で、池田樹里さん（P.22）もその1人だ。この動きはホテルだけでなく、さまざまな業種に広がっている。日本企業の中でも社内の共通語は英語とする企業もあり、中国語ではなく英語を使って日常業務を行なっている現地採用者もいる。グローバル展開している企業であればあるほど、会話では日本語や中国語を使っても、Eメールなどの文書では社内共通語は英語というのが主流になっている。

「上海で働く日本人女性の会」（P.92参照）の50人に「上海で働いていて、中国語以外で英語の必要性を感じますか？」と聞いたところ、「非常に感じる」が23人、「時々感じる」が14人で、7割の人が必要性を感じており、上海でも英語力の必要性が高まっているこ

とがうかがえる。

■専門スキルと熱意で語学力不足をカバー

語学力の重要性を書いてきたが、最近はそれに反する動きも生まれている。専門的なスキルと相応の経験を買われて就職していく人たちだ。技術職や工場管理などの管理職として働く中高年の中には中国語が全く話せなかったり、あまり話せないという人も少なくない。中高年だけでなく、服飾デザイナーとして今年独立した日野宏美さん（インタビューP.98）のように、発展する上海という街に惹かれて飛び込んでくる若い世代も見られるようになった。日野さんが上海で最初に就職したのは、香港系貿易会社。服飾全般に渡る知識とデザイナーとしての経験を認められての採用で、午前中は大学で中国語を学びながら、午後から出社をして仕事を続けた。

確かに最初から言葉ができるに越したことはないが、専門的スキルと経験、そして語学力不足をカバーできるだけの熱意があれば、通訳を介しながら仕事を進めていくことはできるし、現地に飛び込んで仕事をしながら中国語を習得していくということもできる。カメラマンの海原修平さん（P.44）のようなフリーランスで活動していく人や、日本料理店を経営する浅野裕史さん（P.106）、上海初のシュークリーム屋をオープンさせた吉田綾子さん（P.82）など起業家もこのタイプだ。

HSK（漢語水平試験）

中国政府国家教育部（文部科学省の相当）が唯一公認している中国語能力試験。級の多いほうが上級で、基礎１、２級、初級３～５級、中級６～８級、高級９～11級に分かれている。企業への就職の選考基準や大学本科・大学院の入学基準になっている。中国語が全くできない人が１年間留学して到達できるレベルが中級の６級で、目安として就職の際の最低ラインと言われる。

HSK 日本事務局
大阪府豊中市本町5-1-1　教育センタービル
Tel06-6857-3397
http://www.jyda-ie.or.jp/hsk/top.htm

近郊都市で働くという選択肢

中国経済を牽引する上海経済圏（華東経済圏）とは、上海市と近郊の江蘇省・浙江省のこと。上海だけでなく２省へも日系企業の進出は著しく、日本人の求人も少なくない。

江蘇省蘇州市で働く20代女性に、蘇州での生活・就職事情を聞いた。

蘇州に住む日本人は登録ベースで約1,500人、長期出張者も含めると2,000人とも言われています。この１、２年で日本人は２、３倍にも増加しています。そのうち、現地採用者は、私が知っているだけでも30数名いて、毎年増えているようですね。

現地採用者の職種を大ざっぱに分けると、蘇州には工場が多いため、工場の管理などで働く人が６、７割、あとは金融や保険、法律事務所、商社などの営業職や事務職になります。日系企業は蘇州だけでなく、昆山や常州、無錫、杭州、張家港などにも進出していて、各都市に現地採用で働いている日本人がいると聞いています。

蘇州は上海ほど大都会ではないので、僻地手当てというのでしょうか、平均すると上海で働くよりも給料が高めになっています。また、住宅手当が出る会社がほとんどなので、上海で働く現地採用者よりは待遇面で恵まれていると思います。

市内にはフランス系の大型スーパー「カルフール（家楽福）」もあるし、最近、日本食材店もできたので、日常生活にそう不便は感じません。日本料理店も20～30軒ありますし 。治安もいいですね。

物価は上海に比べると安いし、上海のようにクラブやバーがほとんどないので夜遊びしようにもできなくて（笑）、そのおかげで毎月１万元くらい貯金ができます。

上海のような大都会でないぶん、「中国らしさ」が残っていて、人も素朴で温かさを感じます。上海へは電車やバスで約１～1.5時間なので日帰りもできます。私が上海に出かけるのは、月に１、２度。ウィンドーショッピングしたり、美容院に行ったり、上海の友達に会ったりします。ストレスを感

じたらすぐに上海へも行ける距離にあって、「中国らしさ」を感じながら働くことのできる蘇州は、おススメですよ。

蘇州で働くデメリットですか？　ひとつは医療体制に不安があること。A型肝炎にかかったことがあるんですが、地元の病院では要領を得ないので、翌日になって上海の病院まで行って、やっと病名が判明しました。ですから、少し心配だなと思ったら、上海の病院へ行くことにしています。

もうひとつは、転職しにくいこと。蘇州の日本人社会は狭いので、今勤めているA社を辞めて、じゃあ、次のB社へというわけにはいきません。企業数も少ないので、チャンスも少ない。ですから、蘇州で働いた後に上海で転職するという人も少なくないようです。

上海で働こうと思った時、最初から上海での職が見つかればいいですが、良い職場が見つからない場合は、何が何でも上海とこだわらずに、近郊の都市に目を向けてみるといいかも知れません。蘇州のような近郊都市で働きながら中国事情を理解し、中国での職務経験を積む。そのあとに、チャンスの多い上海でステップアップの転職をするというのも、1つの考え方だと思いますよ。

❷ 現地採用の労働条件とは

現地採用とは、上海にある現地法人や駐在員事務所に直接採用される雇用形態で、給与などの待遇はそれぞれ個別の雇用契約によって決まり、契約は1、2年ごとに更新していく（給与水準はP.23表7参照）。本社から派遣される駐在員が給与に加えて海外赴任手当や住居費などが支給されるのに対して、現地採用社員の給与水準は高くはなく、日本での収入の3分の2から半分に減ってしまうこともある。なかには、「給料が安くてもいいから、とにかく上海で働きたい」と5,000元ほどの月給で就職するケースも見られるが、長続きしないことが多いようだ。上海という外国で、自分が気持ち良く働き続けていくために必要な給与・待遇を得られるように自己責任として交渉することが必要だ。

表１　個人所得税　累進課税方式表

給与課税所得（元）	税　率（%）	速算控除額（元）
500以下	5	0
501～　2,000	10	25
2,001～　5,000	15	125
5,001～ 20,000	20	375
20,001～ 40,000	25	1,375
40,001～ 60,000	30	3,375
60,001～ 80,000	35	6,375
80,001～100,000	40	10,375
100,001以上	45	15,375

給与以外に賞与として、旧正月や年末には給与１、２カ月分が支給されるのが一般的だ。そのほかの住宅費や帰国費用、海外傷害保険などは、現地採用であっても会社負担してくれる企業もあれば、給与と賞与以外は一切手当てなしという企業までさまざま。面接や契約時に確認したほうがよいだろう。

契約で決まった給与が税込みなのか、手取り額なのかも大切な確認事項だ。機械部品メーカーから印刷会社に転職した西塚正基さん（インタビューP.28）の場合、面接時での回答と実際とで会社側の対応が違ったため、日本での研修が終了し上海で働き始めてから会社ともめることになったという。

中国で就業する外国人に課せられる個人所得税は累進課税方式（表１）で、税率は以下の通り。4,000元までは非課税となるが、基礎控除以外の控除がないため、個人負担額は大きなものとなる。所得税の算出式は、給与課税所得（所得金額－4,000）×税率－速算控除額となるので、例えば月給が12,000元の場合は、

（12,000－4,000）×0.2－375＝1,225元

となり、手取り額は10,775元となる。

コストの高い駐在員を削減し、現地事情に詳しく日本での社会経験のある即戦力となる社員を現地で採用する動きは年々強まってい

る。現地採用社員にも、能力と経験次第では日本と同等レベルの給料を得ている層もわずかずつではあるが増えており、「安い労働力」として雇用される人との二極化が進みそうだ。

初年度から自身の希望が通れば理想的だが、雇用契約は契約満了と同時に内容を見直すことができるので、社内での実績を作ったうえで次年度、次々年度に要求を提示していくことも可能だ。

アパレル副資材メーカーの小原あゆみさん（インタビューP.52）は就職して４年目に現地採用から本社採用となり、厚生年金や健康保険へも加入できるようになっているし、日本語教師の成田愛裕子さん（インタビューP.36）も１年が過ぎてから現在の雇用形態への不安を会社側に訴えたところ大きく待遇が改善されている。

部品メーカーで営業職として働く30代の男性Ｂさんも昨年から、海外傷害保険に会社負担で加入。

「上海では外国人の医療費が高いので少々具合が悪くなっても病院へ行こうとも思わなかったが、いざという時には病院へ行けるという安心感ができて、精神的にも安定して働けるようになった」という。

勤務する会社で相応の実績を上げ、会社にとって不可欠の人材になれば、給与アップや福利厚生面での待遇改善も不可能ではないということである。

❸ 人材紹介会社へ聞く上海就職状況

上海で働いた場合、給与はどのくらいなのか。求人職種はどのようなものが多いのか――。上海における日本人の就職状況について、前出の人材紹介会社の上海パヒューマ（上海保優美人材服務有限公司）の高級経理（社長）、松村扶美さんに聞いた。

表2　求人業種

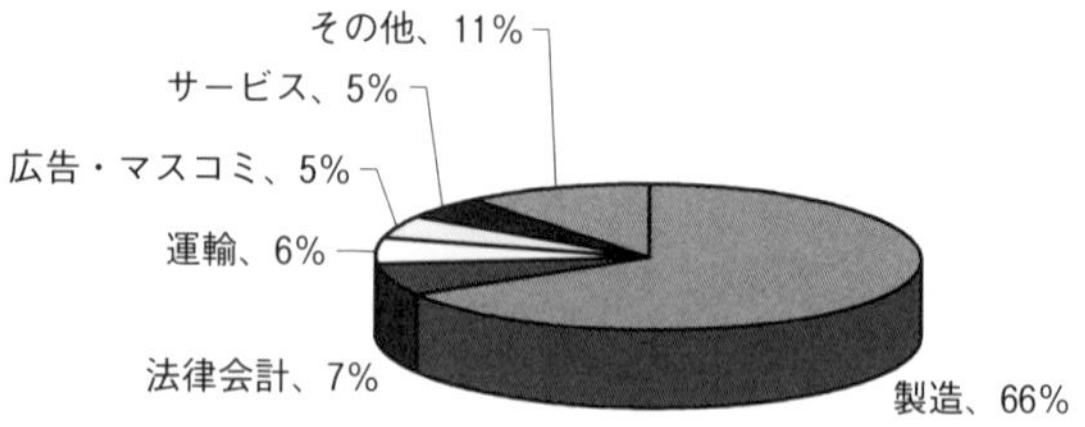

表3　求人職種

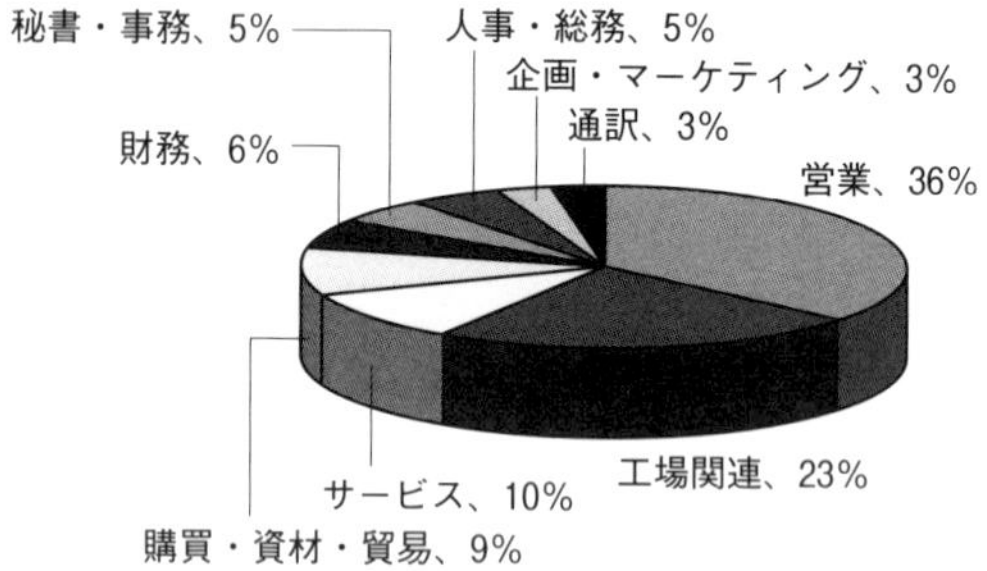

Q　上海での日本人の求人数はここ数年、急増していると聞いていますが。

A　当社が受注した中国大陸の2003年度の求人件数は467件で、前年度比98%増と非常に高い伸びを示しています。なかでも上海を中心とした華東地区と華南地区に求人は集中しています。その背景には、新たに中国へ進出する企業が増えており、初期段階では日本人要員の必要性が高いこと、また、すでに進出している企業においても中国業務の拡大によって社内の中国ビジネス経験者が不足してい

表4　性別

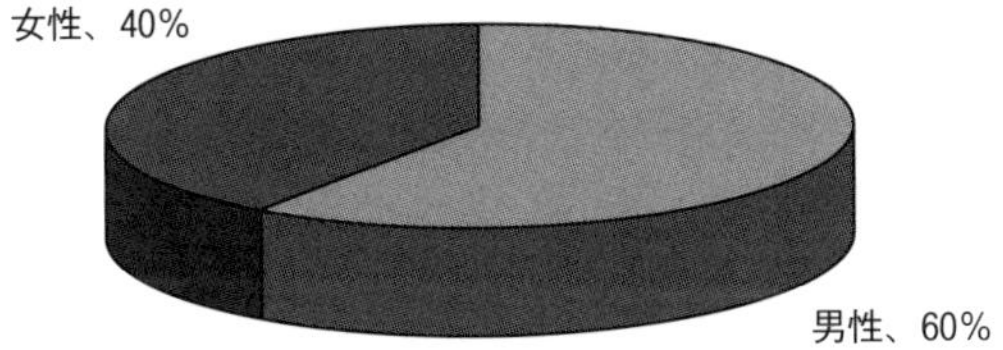

表5　年齢

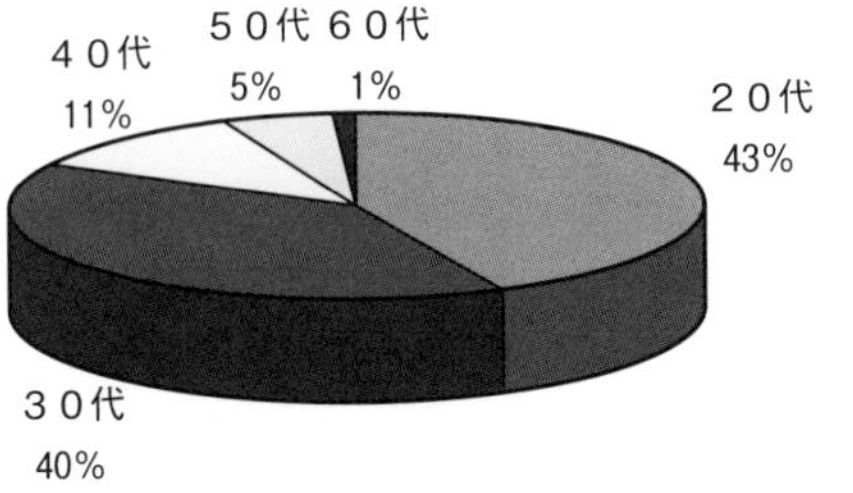

表6　語学レベル

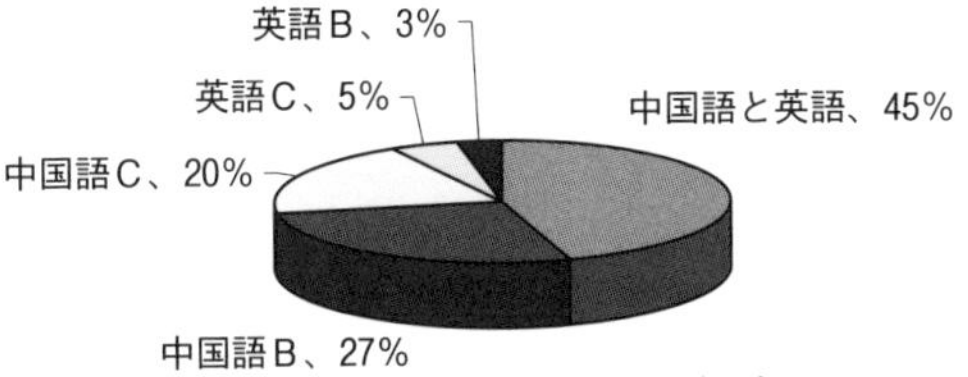

Ｂ：ビジネスレベル
Ｃ：コミュニケーションレベル

表7　年収　（単位：元）

	最低値	中央値	最高値
スタッフ	80,000	130,000	360,000
マネージャー	91,000	336,000	600,000
責任者	346,000	458,000	694,600

注）1. 年収には、住居、保険、一時帰国費用などすべてを含む。
2. 責任者は部長、工場長、副総経理、総経理を指す。
（図表データ2-7は、上海パヒューマ提供）

るなどの状況があります。

Q　求人の多い業種や職種は？
A　需要が最も高い業種は電機・電子業界で、次に商社・貿易、化学・食品・衣料が続きます。製造業のニーズが全体の66％を占めています（表２）。職種は年々多様化していますが、上海を中心とする華東地区では多くの企業が中国国内での販売を進めていこうとしているため、営業職に最も需要があります。（表３）

Q　求職者も増えていますか？
A　当社への登録者は97年度が371人だったのに対して、2000年度で1,000人を超え、2002年度には2,387人になっています。昨年度はＳＡＲＳの影響もあり、伸び幅が落ちていますが、2,700人でした。

Q　実際に上海で働いている日本人はどのような人たちですか？
A　当社からの紹介で就職された方たちを見ると、男女別では最近、男性の求人割合が高くなっています。対中ビジネスでの経験が豊富な中高年男性の求人が増加しているためです。年齢的には、20、30代が８割以上を占めています。（表４～６）

Q　日本人の平均的給与待遇は？

A　個人差によるばらつきが目立っています。表７は、2002年９月から2003年８月まで当社が紹介をした方たちの給与概況です。給与は職種、経験、語学力によって総合的に判断されます。日本の年功序列と違って、実力主義で給与が決定され、ボーナスは中国人と同じく年１～２カ月分が多くなっています。シニアについては年俸制の導入が進んでいます。

❹ 仕事の探し方

上海で働きたいと思った時、どのように仕事を探せばよいか——。上海で就職活動を行ない、実際に就職している人たちは主に３つの方法で求人情報を得ている。人材紹介会社への登録、インターネットや情報誌からの情報の収集、知人からの紹介だ。これらのうちどれかというよりは、３つを組み合わせて積極的に動いていくことが大切だ。

【人材紹介会社】

上海には日系の人材紹介会社が10数社あり、そのほとんどが自社ウェブサイトからオンライン登録できるようになっている（主な人材紹介会社は、P.28参照）。オンライン登録できるウェブサイトでは求人情報を一部掲載しているので、求人の傾向を知ることもできるだろう。なかには、あらかじめ求職条件や職歴などを登録しておけば、その条件にあった求人情報をメール送信してくれるサービスを行なっているところもあるので、利用すると便利だ。オンライン登録後に人材紹介会社を訪問して、個別に面談や語学力の試験などを行なうことになる。

人材紹介会社を活用するメリットは、当人の希望や職歴、能力に見合った転職先を紹介してもらえるため、効率的に動けること。ま

た、待遇面においても、第三者である人材紹介会社が間に入ることで、自分の要望を伝えやすくなり、話し合いもスムーズに進む。人材紹介会社への紹介料は、採用決定後に求人企業が払うもので、求職者は無料である。

上海で就職する人の多くが、上海や北京などでの中国留学を経て求職活動に入るため、登録して短期間のうちに面接を受け、採用が決まる。逆に、現在は日本にいるが今後上海で就職しようと思う場合、上海在住ではないことがマイナス要因になることもあるようだ。「経歴や能力的に優秀な人であっても、スタッフクラスの求人であれば、『わざわざ日本にいる人に面接に来てもらうのも申し訳ない』と思う企業は多いですね」と、上海パヒューマ・松村扶美さんも指摘する。

不動産会社で営業職として働いている江端希さん（インタビューP. 8）は、就職活動のために上海に乗り込んできた1人。江端さんは米国在住時に上海で就職しようと思い立った。上海の人材紹介会社数社にオンライン登録をしたが、新卒で職歴がないこともあって、「何の反応もなかった」という。人材紹介会社からの連絡をただ米国で待つよりは、上海に来て就職活動したほうが早いと思い、上海へやって来た。人材紹介会社を訪問したりフリーペーパーから求人情報を得るなかで、現在の会社への就職を果たしている。

現時点で日本など中国以外に在住している人は、日本であらかじめ人材登録や情報収集を行なったうえで、ある程度の時間をとって上海に滞在し、人材紹介会社に企業面接を集中してセッティングしてもらうと効率よく動けるだろう。

【インターネット・情報誌】

日本語の中国関係の情報サイトでも、上海の求人情報を得ることができる。

1日のアクセス数が7,000を超える中国総合情報サイト「日中ドットコム」には「エクスプロア・サーチ　求人」コーナーがあり、

1日平均で7、8件の新しい求人情報が掲載される。求人情報が自由に閲覧できるだけでなく、オンライン登録をすれば希望条件に合う求人があった場合にはメールが送信されてくる。

営業や秘書、通訳、技術職などの求人が中心だが、人材紹介会社では見つけにくい、医師や看護婦、幼稚園教諭といった特殊な求人情報が掲載されることもあり、就職に至ったケースもあるという。そのほか、上海の総合情報サイト「MAHOO！上海」の「CHINA JOB」でも求人情報を得られる。

これらのサイトは、中国・上海情報の1つとして求人・求職コーナーを設けているため、ひとつひとつの求人情報を吟味して掲載しているわけではない。求人企業のなかには被雇用者の労働ビザ・待遇問題を安易に考えて採用しようとする企業もあるので、自己責任で対処していく気構えが必要だ。

人材紹介会社の中にも、ウェブサイトを十二分に活用した人材紹介を行なっている会社がある。上海リンクスタッフコンサルティングが運営する求人・求職サイト「e-gongzuo.com」では、他社のサイトと異なり、求職者が求人広告を掲載している企業に対して直接企業に申し込むことができる。さらに、履歴書を公開（氏名・住所は匿名可能）すると、企業の求人担当者から直接スカウトの連絡を受け取れる仕組みになっている。有限会社エー・ナレッジ（福岡市）が運営する「ドラゴンエクスプレス」も中国ビジネスに特化した求職・求人支援サイトで、日本勤務の求人が比較的多いものの中国勤務の求人も見つけることができる。

情報誌・紙では、日本語邦字誌の草分けである『Walker』や、『SUPER CITY 上海』『ジャンピオン』、英語のフリーペーパー『that's shanghai』などにも、数は多くないものの求人情報が掲載されている。

【クチコミ】

時に、人材紹介会社やウェブサイト以上に、威力を発揮すること

が多いのがクチコミによる求人情報だ。インタビューページで登場する雑誌マーケティングディレクターの板屋美幸さん（P.74）も日本語教師の成田愛裕子さん（P.36）も、人の紹介であったり、以前からの知り合いからスカウトされて現在の会社に就職している。ＣＭプロデューサーの齋藤久さん（P.60）も日本で働いていた頃、数年前に一緒に仕事をした台湾系ＣＭ制作会社が上海ブランチを作るという情報を入手して、上海への転職に成功している。

あなたが日本にいたとしても、周囲を見渡せば親類、友人、知人のなかに中国ビジネスにかかわる人はどこかにいるはず。「上海で働きたい」と周囲に公言することで、求人情報とまでいかなくとも就職に関する何らかの情報が入ってくる可能性もある。上海、あるいは中国の他都市で働く友人、知人がいるなら、現地の就職状況を尋ねてみるのもいいだろう。

上海に限らず海外で暮らすと、業種や年齢、性別を超えて、日本では知り合うチャンスのなかった人たちとの出会いがあり、人脈が広がる。ホテルマン・ウーマンや営業職などについている人は特に顔も広く、取引先などから求職者の紹介を頼まれることが多いようだ。インタビューに登場しているホテルウーマンの池田樹里さん（P.22）も「お客様から『今度、日本人を採用したいと思っているので、いい人がいたらぜひ紹介して欲しい』と言われることがよくあるんですよ」と話す。

「上海で働く日本人女性の会」の50人に、「現在の職場はどのように見つけましたか」と聞いたところ、「人の紹介」が16人で32％を占めている。次いで、「人材紹介会社」が11人、「ウェブサイトの求人欄」が４人、「邦字誌の求人広告」はゼロ、その他・駐在が18人、無回答が１人だった。

中国投資ブームは今も衰えておらず、上海へ進出する日系企業は１日平均２社とも言われている。中国進出の経験がない中小企業が多数で、そういった企業は日本人を採用したいと考えていることも多く、人材確保を人材紹介会社やインターネットだけでなく、人の

紹介に頼ることも少なくないようだ。また最近は、日系企業だけでなく中国企業のなかも日本人を採用したいという企業も増えており、これもまたクチコミの世界で求人→採用決定となることが少なくないのだ。

他者への依存はもちろん禁物だが、中国や上海につながりを持つ、あるいは住む友人や知人が1人でもいるのなら、ダメでも元々の気持ちで連絡をとってみてはどうだろうか。何かしらの情報が得られるはずである。

■上海の主な日系人材紹介会社一覧

クイックマイツ　上海可以可邁伊茲明勝人材咨詢服務有限公司

上海市徐匯區漕渓北路18号　上海実業大厦21楼A座

Tel(021) 6438-5527

FAX(021) 6427-9644

http://www.919myts.com.cn

Good Job Creations　亜潤投資管理諮詢（上海）有限公司

上海市南京西路1266号　恒隆広場2506室

Tel(021) 6288-0101

FAX(021) 6288-0474

http://www.goodjobcreations.com

Gainful　上海利科特人材服務有限公司

上海市仙霞路88号　太陽広場W401

Tel(021) 6270-0400

FAX(021) 6270-0330

http://www.gainful.net.cn

上海創価諮詢有限公司

上海市呉江路31号　27Ｆ
Tel(021) 5211-0505
FAX(021) 5228-3228
http://www.soka.com.cn

スタッフサービス　上海仕達富新橋人材資源有限公司
上海市南京西路1515号　嘉里中心2608-9室
Tel(021) 5298-6298
FAX(021) 5298-6698
http://www.staffservice.com

上海テンプスタッフ　上海天博諮詢有限公司
上海市淮海中路918号　久事復興大廈21楼Ｅ１室
Tel(021) 6415-5368
FAX(021) 6415-5367
http://www.tempstaff-sh.com

Shanghai Nisso
上海市浦東新区張楊路1996号　浦東人材交流中心ビル３Ｆ
Tel(021) 5851-1391
FAX(021) 5860-0190
job@nisso.com.cn

Nisso　上海日総人力資源管理有限公司
上海市東宝興路157号　精武大廈16Ｂ室
Tel(021) 6324-5944
FAX(021) 6364-9557

ネクストＨＲ上海コンサルティング
上海市延安東路222号　外灘中心43F

℡(021) 6335-2718
FAX(021) 6335-0670
http://www.next-hr.com

上海パヒューマ　上海保優美人才服務有限公司
上海市淮海中路222号　力宝広場1309号
℡(021) 5382-8210／8215
FAX(021) 5382-8219
https://www.pahuma.com

ヒューマン上海　上海修曼人才有限公司
上海市南京西路1468号　中欣大厦3309室
℡(021) 6289-8855
FAX(021) 6247-2965
http://www.athuman.com

FOCUS 人材サービス　上海環盛人力資源管理有限公司
上海市淮海中路98号　金鐘広場22楼
℡(021) 5385-8818
FAX(021) 5385-8828
http://www.focushr.com.cn

上海リンクスタッフコンサルティング
上海市淮海中路918号　久事復興大厦24階Ｄ座
℡(021) 6415-1141
FAX(021) 6415-4982
http://www.e-gongzuo.com

◇中国ビジネス求人・求職サイトを運営
エー・ナレッジ

福岡県福岡市早良区百道浜2-1-22　福岡 SRP センタービル302-B
℡092-821-7656
FAX092-841-7485
http://www.dragon-xpress.jp

■求人情報が得られるウェブサイト、フリーペーパー

【中国・上海総合情報サイト】

SHEX　日中ドットコム
http://www.nicchu.com（日本から）
http://www.nicchu.com.cn（中国から）

MAHOO! 上海
http://www.mahooshanghai.com/job/

【フリーペーパー】

『Walker』（日本語月刊誌）
上海市澳門路519弄２号　華生大厦11F
℡(021) 5107-5998
FAX(021) 5107-5788
http://www.shwalker.com/

『SUPER CITY 上海』（日本語月刊誌）
上海市延安西路2201号　国際貿易中心218室
℡(021) 6219-6634
FAX(021) 6219-6604
http://www.supercity-shanghai.com

『ジャンピオン』（日本語週刊紙）
上海市淮海中路755号　東楼21D

Tel(021) 6431-7815
FAX(021) 6431-7823

『that's shanghai』(英語月刊)
上海市岳陽路168号　２Ｆ
Tel(021) 3406-1011
FAX(021) 5396-1400

⑤ 上海的就活日記

大学卒業後、一般企業や旅行会社などに勤務したＡ子さん(30歳)。「このまま日本にいても、家と会社の往復の平凡な生活をして歳をとっていくだけ。それなら、以前から興味があった上海へ留学して、働いてみたい。自分がどこまでやれるか、力を試してみよう」と思い立って、１年間留学。彼女が上海就職を果たすまでの３カ月間は――。

月給5,000元って謙虚なの？

●１月25日　学期末の試験も終わったし、初めての春節（旧正月）も体験できた。これで私の１年間の留学生活も終わり。HSK（P.16参照）は７級が取れたし、頑張れたんじゃないかと思う。学生ビザももうすぐ切れる。パスポートの有効期限も迫っているので、いったん明日帰国して、就職活動は上海に戻ってから始めることにしよう。ちょっと楽観的すぎる?!

●２月８日　昨日、新パスポートをゲット。これからビザ申請をしていては上海へ戻るのが遅くなるから、とりあえずノービザで入国。

●２月９日　上海にある日系の人材紹介会社３社に、仮登録。メールで登録ができるのは、すごく便利。

●2月10日　昨日仮登録した人材紹介会社３社のうち、２社を訪問。午前中に行ったＡ社では中国語と英語の筆記試験もあった。英語の試験まであると思わなくて、焦った！　面接では日本人担当者の人に、自分の希望業種と希望待遇を伝えた。その後に、中国人スタッフを相手に会話の試験。久しぶりの面接で、ちょっと緊張。私の希望する旅行会社は求人も少ないし、待遇も悪いそうだ。

午後に行ったＢ社は、Ａ社よりちょっと規模は小さい。面接してくれた人も気さくで、気楽な感じでのぞめた。「HSK７級って本人が書いてあるんだから、会話の試験は必要ないでしょう」だって。Ａ社は面接もかっちりした感じだったけど、人材紹介会社によってもずいぶん雰囲気が違うみたい。

Ａ社で聞いたようにＢ社からも、旅行会社は難しそうだと言われた。ショック！だったけど、「それよりも別の業界にも目を向けてみてはどうか」と言われて、納得。別業界でも何か求人があったら、紹介してもらうようお願いしてきた。

それにしても、私が希望していた月給5,000元って、安すぎたみたい。留学生の頃の生活から考えて、そのくらいあれば大丈夫かなと思って言ったんだけど、Ｂ社の人から「謙虚ですねぇ。5,000元なんて言う人、いませんよ」と笑われてしまった。もっと貰えるってこと？

●2月11日　人材紹介会社Ｃ社を訪問。昨日行った人材紹介会社Ｂ社から電話が入って、１社紹介された。物流企業とのこと。明日、早速面接だ。

●2月12日　Ｚ社、初めての面接。かなり、緊張した。5,000元では安いということが分かったので、希望給料は１万元と言ってみた。私なりに頑張ったつもりだったけど、面接の感触はイマイチ。

●2月13日　ビザの延長のため公安局ビザセンターへ。１カ月の延長が１回しかできないことが判明！　こんなことなら、日本か香港で３ヶ月とか半年のビザを取ってくるんだった。**今さら遅いけど、後悔**…。

✹もしかして、全滅!?

●２月16日　人材紹介会社Ｄ社とＥ社に登録。人材紹介会社Ｂ社から、Ｚ社不合格との通知。でも、まだ１社目なんだから、明日から頑張るゾ！

●２月17日　人材紹介会社Ｃ社からの紹介で、情報関係企業Ｙ社の面接。Ｚ社の時よりは緊張しなかったけど、あんまり自信はない。

●２月20日　人材紹介会社Ｃ社から、Ｙ社不合格の通知。来週は新たに２社の面接があることだし、気分を入れ換えて頑張らなきゃ。

●２月23日　人材紹介会社Ｂ社からの紹介で、メーカーＸ社の面接。

●２月24日　Ｘ社からも不採用。３社目も落ちた。は〜。

●２月25日　人材紹介会社Ｃ社からの紹介で、明日、衣料資材工場Ｗ社の面接に行くことになった。職種は通訳なので、すごく興味があるというわけではないけど、仕事を選んでもいられない。とにかく動いてみないと。どこに縁があるやも知れず。

●２月26日　Ｗ社の面接。郊外って聞いてたけど、本当に遠いよぉ。地下鉄を降りてから、タクシーで30分もかかった。想像以上の遠さだ。これじゃ、今のアパートからは通えない。気持ちがどんどん萎えてきた 。

●２月28日　Ｗ社も落ちた。気持ちが萎えたのが、面接官に伝わっちゃったんだろうなぁ。これで、４社全滅（涙)。は〜〜。明日で２月も終わり。来月には就職、決まるのかなぁ。**不安だぁ**。

●２月29日　留学時代の友達から、電話あり。彼女は私より１歳下だけど、明確な目標があって、語学の勉強もしながら仕事をしてきた人。最近、念願の独立を果たしたという報告だった。私も自分の就職活動の様子を伝えた。面接では志望理由をどんなふうに言ってアピールしてきたのかと彼女が聞くので、「御社の業種は未経験ですが、いろんなことを経験したいと思っている。中国語力も伸ばしたいし、頑張って働く」と言っていると話したら、彼女からキツーイ言葉。「そんなこと言う人、**私が人事担当者でも採用したいと思**

わないよ」だって。ショック！
でも、彼女の言う通りだ。企業が欲しいのは、即戦力とやる気のある人。私は旅行業界志望だったはずなのに、人材紹介会社から「旅行業界は難しい」と言われて、何もしないで諦めてた。じゃ、一般企業でいいやと思って就活を始めたけど、**面接も受け身**だった。売り込めるものがないと思って気持ちが引いていたんだと思う。初心に戻って、旅行業界にトライしてみよう。４社全滅で落ち込んでいたけど、彼女のおかげでやる気が出てきた。明日からまた、頑張ろう！

⁇あなたが入社した場合の収益は？

●3月1日　半年以上前に日本語交流会で知り合った中国人の王さんというオジサンが、旅行業界の人だったことを思い出した。名刺を引っ張り出して、メールを送信。返事が来るといいけど。
●3月5日　４日前にメールを送った王さんから返事が来た！　彼は今は、旅行業界から離れているらしいけど、旅行会社を紹介してくれるとのこと。嬉しい～♪　１度しか会ったことのない人だったけど、連絡してみて良かった。今さら日本的に遠慮していても意味がない、ここは中国なんだから。でも、「どこの旅行会社を紹介して欲しいですか？」なんて親切な返信が来るとは思ってなかった。王さんに感謝、感謝です。
●3月10日　王さん紹介の民間の旅行会社Ｖ社を訪問。昨年のSARSに続いて、鳥インフルエンザ騒動があった影響で日本人客が激減、今は日本人を採用する余裕はない。でも、将来的には必要だと思っているので、来月になって回復の兆候があれば連絡をくれるとのこと。面接というよりも、現在の旅行業界の話を聞くといったふうだったけど、行って良かった。
●3月12日　王さん紹介の旅行会社２社目を訪問。国営のＵ社。日本部と言っても、日本へ旅行する中国人のためのセクションで、中国に来る日本人に対応する部署はまだないとのこと。でも、今後そ

ういう部署を作る可能性はあるとのこと。担当者から「もしあなたが入社したら、部下は何人欲しいか。どのくらいの**収益を上げる**ことができるか」と矢継ぎ早に聞かれて、びっくり。雇って欲しいと思っていただけで、部下とか会社の収益なんて全く考えてもいなかった〜（驚）。上海の会社はシビアだなって思ったけど、考えてみれば会社に利益をもたらすことのできない人材なんて必要とされない。こんな当たり前のことを私は忘れていた。その会社にとって私がどれだけ必要な人材なのか——、ちゃんとアピールできなきゃ就職はできないってことなのだ。

●3月15日　王さん紹介の会社３社目を訪問。今度は、中国の航空会社系旅行会社Ｔ社。電話をしたら「ぜひ会いたい」とのことだったから、期待できそう。「あなたはここに入ったら、何ができますか」との質問に対しても自信を持って答えられた。担当者からは「採用したいが、社内での調整が必要」とのこと。返事を待つことになった。

♡中国語が使える仕事でなきゃ

●3月17日　インターネットの求人広告欄を見ていたら、日系の旅行関係の求人広告を２件発見！　待遇面がどんな感じか分からないけど、ひとまず応募してみよう。

●3月19日　航空会社系旅行会社Ｔ社から電話。「あなたを雇いたい気持ちはあるけど、月給5,000元でも高すぎる。社内で相談した結果、３カ月は試用期間で2,500元でどうか」とのこと。２月中は異業種だけど日系企業をずっと回ってきたから、日系の相場に慣れてしまっている。現地企業と日系企業では待遇に差があることは分かっているけど、それにしたって**2,500元とは（驚）！**　絶句してしまった。

●3月22日　滞在期限が切れるので、新しいビザを取るために、今日香港に来た。ビザは明日夕方、受け取れる予定。

●3月24日　香港から上海に戻ってきた。Ｔ社へ断りの電話。旅行

会社では働きたいけど、いくらやりたい仕事でも2,500元では働けない。これじゃ、アルバイトするより安すぎる。3ヵ月後の保証だって、あるわけじゃないんだし。

●3月25日　インターネットで見つけたうちの1つ、S社の面接。旅行関連の仕事だけど、旅行会社ではないことが分かった。おまけに、仕事では日本語しか使わないそうだ。担当者もいい感じだったけど、中国語が使えないなら**上海で働く意味**がない。その場でお断りをした。

●3月26日　ネットで見つけたもう1つの日系旅行会社R社の面接。経歴が評価され、ぜひ来て欲しいとのこと。資格手当も出すという話だったが、R社も中国語ではなく日本語を使う仕事だ。どうしようか？？？

●3月29日　R社から内定の連絡が入った。待遇は確かにいいし、好きな旅行業界の仕事だけど、中国語が使えないなら、やっぱり断るしかない。結局、旅行関係の会社を合わせて5社回ったけど、待遇面や仕事内容で折り合えなかった。

あと3日で、4月になってしまうよ～（涙）。落ち込んでいたところに、人材紹介会社B社から電話。1カ月前は旅行関係を回ろうと思っていたから、「一般企業の紹介は要りません」とお断りしていたのに、電話を下さった。ちょうどいいタイミングなのかも!?

1カ月自分なりに頑張ったけど旅行業界はムリだったのだから、ふりだしに戻って一般企業の面接を受けることに決めた。業種にこだわるよりも、今は**中国語を使える仕事をしたい**と思うから。

❢連敗から得る必勝作戦

●4月1日　人材紹介会社B社紹介によるQ社の面接。日本でも常に人気企業ランキングに入る会社だ。仕事は、総経理秘書。今までは1人ずつの面接だったけど、今回は応募者が多くて2人ずつの面接。一緒に面接を受けた人が凄すぎる～。中国で何年も働いた経験もあるし、自己PRはうまいし、中国語もすっごく上手い。彼女の

アピール力に圧倒されて、だんだん落ち込んできた。こんな人に勝てるわけがない。面接の後、彼女と食事をした。私はもっとやる気を見せなきゃダメだそうだ。どうも、謙虚すぎるみたい。面接必勝のアドバイスをしてもらえた。

●4月5日　Q社は予想通り、不合格。でも、もう頭は切り替えた！

今日のＰ社で頑張ればいいんだから。Ｐ社は大手メーカーだけあって、ホームページも内容豊富だ。昨日はホームページをくまなく見たし、面接対策も万全なのだ。面接慣れもしてきたせいか、自分をしっかりアピールすることもできた。なかなかの感触、これは行けるかも。面接を受けるだけでなく、企業の**担当者を冷静に見る**余裕も出てきた。

●4月6日　人材紹介会社Ｂ社から、Ｐ社１次面接合格の電話。やった～！　午後には同じくＢ社紹介のＯ社の面接。これも感触はマル。

●4月7日　Ｏ社の１次面接も合格だった。２次面接は明日だ。

●4月8日　Ｏ社の２次面接。これに通っても３次面接もあるそうだ。現地法人の規模で３回も面接をする必要ってあるのか、疑問だ。

●4月9日　Ｐ社の２次面接。担当者も前向きで明るい人だったし、こんな会社で働きたいなぁ。決まるといいんだけど。

●4月12日　Ｐ社から内定。やった～、決まったよ～♪　Ｏ社からは２次面接合格の返事をもらったけど、先に内定を出してくれたＰ社に行くことにした。決断が早い会社って、それだけでもすごく好印象だから。

●4月15日　Ｐ社の契約書のサインをしに、人材紹介会社Ｂ社へ。「**２カ月で就職が決まるのはいいほうです**よ」と言われた。何度も励まして頂いたおかげだとお礼を言ったら、「大体みなさん、就職活動を始めて１カ月過ぎるあたりで一度落ち込んで、それを乗り越えて２、３カ月後に決まっていく方が多いんですよ」とのこと。

全部で12社の面接を受けた。最初の頃の私は、中国語での自己紹介や自己ＰＲ面で準備不足もあったから、落ちて当然だったと思う。

面接には慣れが必要だし、やる気を見せるためには**多少のはったりも必要**だということを実感した。

ともかくここまで頑張ってこれたのは、人材紹介会社の方をはじめとして、私の甘さを厳しく指摘してくれた友人や面接会場で知り合った女性たちがいたからこそ。結局、旅行会社には決まらなかったけど、中国人の王さんにもお世話になった。王さんに現地企業を紹介してもらったおかげで、中国で働くことの厳しさも知ることができたんだし。いろんな人との**出会いに助けられて**、就職することができたんだと思う。

入社は10日後、頑張るゾ〜！

働く

❶ 労働ビザと居留証の取得

【ビザの種類】

2003年９月１日より、観光・商用（業務）・親族訪問・通過目的で中国を訪問する日本人は、15日以内の滞在に限りノービザで入国ができるようになった。ただし、16日以上の滞在にはビザが必要で、ビザには、労働ビザ（略称：Ｚビザ）、定住ビザ（同：Ｄビザ）、留学・研修・学習ビザ（同：Ｘビザ）、訪問・出張ビザ（同：Ｆビザ）、観光・親族訪問ビザ（同：Ｌビザ）、トランジット査証（同：Ｇビザ）、取材ビザ（同：Ｊ－１ビザ）などがある。

中国で外国人が働くためには**労働ビザ（Ｚビザ）**を取得していなければならない。企業の中には、Ｚビザを申請してくれずＦビザで就労させるところもあるが、それは違法である。

Ｆビザには、１年、半年の間に何度も出入国ができるものの、30日以上続けて滞在できないという項目（DURATION OF STAY 030 DAYS）が入るタイプと、同項目が入らないため１年または半年連続して滞在できるタイプの２種類がある。後者は現在、日本では取得できないが、香港の旅行代理店を通して申請することができる。フリーランスで活動していたり、起業の準備をしているなど、特定の企業に属さない人が利用している。

【Ｚビザ取得の条件】

中国では1996年５月１日より「外国人在中国就業管理規定」が施行、これによって単純労働を目的とした外国人の入国を規制してい

る。そのため、職歴のない外国人は労働ビザを取得できない傾向にあり、日本人でなければこなせない業務であることを明確に理由づけすることが必要だ。

また原則として、上海では2年以上の実務経験が必要とされている。しかし、北京では3年以上必要で、逆に華南地区では職歴がなくても取得が可能なことが多く、同じ中国国内でも地域によって基準は異なる。

日本での前職とZビザ申請の職種は一致しなくてもいいが、申請職種に必要な専門知識、学歴、資格などがあればビザ取得に有利となる。

【Zビザと居留証取得まで】

①「外国人就業許可証書」の申請

雇用主が「外国人招聘雇用就業申請書」を記入し、必要書類とあわせて労働行政主管部門（業種によって異なる）に提出する。この時、申請職種の適任者が上海では不足しており、被雇用者が申請職種の職務を果たすのに充分な実務経験を持っていることを書類に明記すること。場合によっては、日本での実務経験が2年に満たない人でも許可証書を取得できることもある。

②日本の中国大使館でZビザを申請

必要書類　・ビザ申請書
・「外国人就業許可証書」
・健康診断書（所定の用紙に沿って検査をする）
健康診断は中国にいれば衛生検疫局で受ける。健康診断書に、エイズ、梅毒、血沈、肝炎のデータも添える。

通常、約1週間でビザは発給される。

③労働局で「外国人就業証」を申請

④公安局で「外国人居留証」を申請

Ｚビザに「外国人就業証」「外国人居留証」を取得して初めて就労が可能になる。すべての手続きに要する時間は約１カ月。１年間有効で（パスポートの有効期限によっては半年のことも）、１年ごとに更新する。

Ｆビザ（訪問ビザ）で入国してから、外国人労働許可やＺビザの申請などの手続きを行うこともできる。Ｌビザ（観光ビザ）やノービザからのＺビザへの切り替えはできないので、１度出国が必要である。

また、ビザにかかわる法律としては2004年８月、「外国人の中国永久居留の審査批准管理規則」が施行。永久居留とはグリーンカード（永住権）のことで、取得の手続きがスタートした。しかし、米国などのグリーンカードと違い、職業や収入の基準のほかに、中国社会への貢献が求められるもので、今の時点では一般の外国人の取得は難しいと思われる。

❷ 労務トラブル例とその対処法

上海で現地採用者として働く人が増えると同時に、さまざまな労務トラブルも発生している。現地採用者のほとんどが社内に、自分と同じ現地採用の待遇で働く同僚を持たないために相談したり、共同でトラブル解決に動いたりすることができず、適正に対応できないケースも多い。また、雇用主に非があったとしても、法的手段に訴えるには費用や手間がかかったり、日本企業の習慣にそぐわないからと泣き寝入りせざるを得ないケースもあるようだ。

実際に起きた労務トラブル事例を通して、どのように対処すべきであったかを労務問題にも詳しい人材紹介会社のクイックマイツ（P.18）に聞いた。

❁トラブル事例①　会社事情で解雇

香港で現地採用されたAさんだが、香港で研修を受けた後すぐに会社命令によって上海現地法人へ異動。しかし、上海の現地法人で総経理（社長）が「私が採用したわけではない」からと1週間後に解雇を言い渡され、退職した。

☞「香港と上海の現地法人間の連絡が不確かだったためでAさんに非はありませんが、書面での異動命令書などを得ておくことで一方的な解雇は防げたはずです。会社の業績悪化など理由はさまざまですが、会社の都合で解雇されるということは珍しいことではありません。契約時には、会社の都合による解雇通知や保障などルールを明記しておくようにしましょう。中国の雇用は日本と違い単年度契約の更新社会です。日本でみなさんが考えている“無言の常識”ほど危ういものはありません。このような事態を防ぐためにも、“契約”とは自らを守るためにあるものという意識を強く持つことが必要でしょう」

❁トラブル事例②　学生ビザ期限切れで不法滞在

上海への留学終了後、就職先も決まったBさん。会社から、労働ビザを申請するためにパスポートを提出するように言われて、学生ビザが切れていることに気づいた。不法滞在で罰金処分となり、就職の話もなくなった。

☞「ビザの滞在期限が切れているのに気づかないとは、外国に暮らしているという自覚がなさすぎます。サイトなどでさまざまな情報が入手しやすくなっていますが、不確かな情報をうかつに信じてしまう留学生もいるようです。もっと自覚を持って海外生活を送りましょう」

❋トラブル事例③ Fビザ（訪問、出張）での就労を強制

香港などへの出張もこなし、充実感を持って働いているCさんだが、気がかりはビザの問題。面接では、会社側は労働ビザを申請してくれると言っていたのに、いまだにFビザでの就労のまま。会社にはお願いしているのだが、申請してくれそうな気配がない。上司との関係がこじれそうで強く言えない状態だが、不法就労と摘発されるのではないかと不安を感じている。

☞「不法就労を摘発されるのはCさんだけではなく、会社も摘発の対象になります。人間関係を気にしているようですが、労働ビザの申請は雇用側の責任です、強く訴えましょう。外国人の不法労働者が700人摘発されたという報道もあり、中国当局は厳しい態度で臨んでいます。改善されない場合は、辞職することも考えたほうがよいでしょう」

❋トラブル事例④ 劣悪な待遇

留学が終わり、とにかく働いて経験を積みたいと思っていた時に、今の会社を知人から紹介された。深く考えることなく月給5,000元で働き始めた。留学中は家賃込みで4,000元程度で生活していたので5,000元で十分と思っていたが、生活が苦しくこのままでは続けていけそうにない。契約書も交わしていないし、不安を感じている。

☞「5,000元という待遇に関しては、その金額で合意したご本人の認識が甘かったということですね。半分留学のようなものだからと安易に合意されたのでしょうけれど、それで自分の仕事に誇りを持つことができるのでしょうか。また、中国人スタッフにとっては5,000元でも高給です。半分留学のような気分で働かれては中国人スタッフのやる気もそがれてしまいます。ローカルスタッフにはで

きない仕事を自分がやっていくのだ、そのためにこれだけの給料が必要だと言えるくらいの気概が必要ではないでしょうか。

また、契約書を交わしていないというのはご本人だけでなく、会社側にも責任があります。待遇面について交渉した内容を採用条件確認書や雇用契約書でチェックできれば良いのですが、それが難しい場合には信頼できる仲介会社に就職の斡旋を頼むのもひとつの方法です」

✵トラブル事例⑤　中国人同僚との摩擦から退職

日頃から中国人同僚とのコミュニケーションを心がけていたつもりのＥさん。しかし、Ｅさんが休暇中に、Ｅさんを中傷する「怪文書」を社内に流され、退職せざるを得なくなった。あとになって、給料が中国人同僚の数倍であることや、会社借り上げマンションに住んでいたことを妬んだ、ある中国人同僚が怪文書を流したことが判明した。

☞「この中国人同僚が悪いと考えてしまうのは、浅はかかもしれません。逆に、彼らの数倍にもあたる給与をもらっていることを認めさせるだけの仕事ができていたのだろうか、という厳しい視点で自らを振り返ってみてはいかがでしょうか。
『人』に給与が与えられるというのは、『日本的人事制度』を背景にした考え方です。それに対して、『仕事』に『給与』が与えられると考えるのが、彼らの（欧米系を含めた）常識です。現地採用の日本人の給与は日本円で換算すると明らかに『安い』と感じる場合が多いでしょう。そのため、『安い給料』に見合う働き方をすればいいと思っていれば、中国人同僚から今回のような反感を買ってしまうこともあるかもしれません。

あなたが『安い』と感じているのは、あくまでも日本との比較の上での話です。しかし、ここは中国です。あなたが『安い』と感じている給与のさらに数分の１の給与で働いているのが現地スタッフ

です。彼ら現地スタッフから、『自分たちと同じ程度の仕事しかしていないのに、日本人であるというだけで数倍の給与をもらっている』と思われてしまえば、妬まれてしまっても当然なのかもしれません。

さらに言うなら、『中国人同僚とのコミュニケーションを心がけていた』というのも『和をもって貴しとなす』という日本の常識に基づいているのではないでしょうか。中国という外国で働くという選択を自らがしたのであれば、日本人の持っている『常識』通りにならない事はむしろ当然です。それを忘れて相手を非難するのはナンセンスです。自分は中国で何ができるのか。何をしたいのか。何のために仕事をしたいのか、また、しているのか。そのために何を犠牲にして、何を得ようとしているのか。そういった根本的な目的と客観的な視点を忘れないで下さい」

クイックマイツでは2004年７月より、ホームページ内（http://www.919myts.com.cn）に「上海の人事・労務・仕事　無料相談」コーナー（会員制）を開設、相談を受け付けている。

❸ 上海で働くということ ～先輩たちからのメッセージ

実際に上海で働き始めた時、どのようなことにやりがいを感じ、何に悩んだりするのだろうか。「上海で働く日本人女性の会」の50人へのアンケートから、彼女たちの声を拾ってみよう。

♡上海で働く魅力

「上海で働く魅力は何ですか」という問いに対して、最も多かっ

たのが「女性として働きやすい環境がある」という答え。日本では与えられることのなかった責任ある仕事を得て、やりがいを感じている人が多い。この点は特に、20代が強く感じている。自分の力を試すチャンスも多いので、経験を積んで将来のキャリアアップに結びつけたいとも考えているようだ。

「アジアの中心として伸びていく都市」に身をおくことに魅力を感じる人も多かった。「日々発展していく街の変化を目の当たりにできること」でパワーやエネルギーを吸収し、「上海に惹かれて集まってきた他国の人々と交流できることも楽しい」という答えもあった。

異文化の中で働くことは、「これまで常識だと思っていたことがくつがえされたりして、物事をさまざまな角度から見ることができる」ようにもなる。日本では出会えなかったさまざまな世代、業種・職種の人たちとの出会いも「学びの場」となっており、刺激を受けているようだ。

また、「日本のような人間関係の煩わしさに悩まされない」ことを魅力として挙げる人もいた。

⁇上海で働くなかで困ること、悩むこと

「女性としての働きやすさ」を感じる一方で、「いかに中国人部下にモチベーションを与えて、働かせていくか」など、管理職としての悩みも出てくる。文化・価値観の違いの中では、「中国人とのコミュニケーション摩擦」に苦労しているという声も多かった。

また、本社サイドや駐在員と中国人スタッフとの間に入ってコーディネーター的役割を果たさねばならない彼女たちは、日本と中国のそれぞれの長所・短所を理解しているだけに、その板ばさみになってストレスを感じることも少なくないようだ。

さまざまな世代、職種の人たちとの出会いに魅力を感じている一方で、日本人コミュニティが狭いために、友人同士の間でも誰に伝わるかも知れず、「会社のグチを言ってストレスを発散することが

難しい」という声もあった。

そのほか、住宅の水回りの深刻なトラブルに困っている人や、国民年金へ加入するかどうか迷っている人、年齢が上がるにつれて現地採用の身分や将来の生活設計に不安を覚えている人もいた。

先輩からのメッセージ

「これから上海で働こうとする人たちへのメッセージ」では、「目的意識を持つこと」の大切さを説く人が多かった。

中国語力を生かしてキャリアアップをしたい、海外で1度は働いてみたかった、今一番勢いのある街で自分の力を試してみたい、あるいは配偶者が中国人だから 。上海で働きたいと思う理由は人それぞれだろう。

しかし、もう1度、どうして上海で働きたいのか、上海で何年働くのか、上海で働くことによって何を得たいのか、そして将来はどのように生きていきたいのか 、などを考えてもらいたい。「自分のキャリアプランをしっかり持ち、自己実現のためにどの段階で上海に来て、何をしたいのかを明確に持つこと」で、実りの多い海外就職体験になるからだ。

だから、マスメディアが盛んに報道する上海ブームに乗って安易に上海へやって来ても、「日本でやりたいことがないとか仕事がないからという理由で上海に来た人は、いい仕事には就けない」し、「日本で足元をちゃんと固めること。日本で仕事が出来ない人は上海に来ても、希望通りには行かない」と手厳しい意見もある。

さらに、海外に出るからこそ、「敬語や接遇面など日本の常識を知らない日本人は、上海に来ても『バカな日本人』と見られるだけ。日本の常識を身につけてから来ること」と、クギを指す人も。

苦言を呈しつつも、「誰にでもチャンスがあると思うので、経験がないからと言って尻込みせずにチャレンジして下さい」「行きたい時が行き時です。タイミングを大事にして」「チャンスがあふれる中国は新しい自分を発見できる場所です。上海で一緒に頑張りま

しょう」と、応援する声も多かった。

❹ 起業する

外国人・外国企業が中国で会社を設立するには、独資や合弁・合作の方法があるが、いずれも数10万米ドル（業種、地域・地区によって異なる）の資本金が必要であり、一個人が起業するにはまずこの大きなハードルを越えねばならない。

また、外貨流出を避けるために中国では外資の持ち出し・送金規制を行なっているほか、業種によっては参入規制があって設立しようとする会社の「項目建議書」が批准されないこともあるなど、中国進出は決して簡単なものではない。

そのため、外国人に比べて少額の資本金で起業できる中国人の名義を借りて会社を興す人も多い。この時、たとえ親しい信頼できる中国人であって、名義貸しに関する契約書を弁護士を通じて交わすこと。この契約書を省略したために、会社を奪われてしまった例は少なくないからだ。

会社の設立には、資本形式や業種などによっても異なるが、「項目建議書」の批准を受けた後、類似商号の調査・商号登記、工商行政管理局への法人設立申請書の提出、税務登記、銀行口座開設などを基本的には行なっていくことになる。

住居を探す

❶ 上海の住環境と家賃相場

上海の住宅はほとんどが中高層の集合住宅で、外国人が上海で住む場合もアパートやマンションなどの集合住宅を借りることになる。郊外の工場に勤務する場合は、工場敷地内の住宅などに住むことも。日本本社から派遣された駐在員であれば、会社の借り上げもしくは家賃補助などがあるため、家賃が月数千米ドルもする日系マンションや外国人用高級マンションに住むことも可能だが、現地採用や自身で起業しようとする人は、家賃が手頃な中国人用マンションなどに住むことになるだろう。

1990年代後半までは、外国人用住宅（外銷房）と中国人用住宅（内銷房）とに区別され、外国人が中国人用住宅に住むことは禁止されていた。しかし、給料がそれほど高くはなく、住宅手当も充分でない現地採用者が外国人用のマンションに住めるわけがない。

「公安局の取り締まりがあるという情報が入るたびに、身の回り品を持って友人の家に駆け込んだり、アパートの階段やエレベーター内では日本語を一切口にしないようにして、住人から日本人だと思われないように気をつけたり 、緊張しながら生活していました。あの頃から比べれば、今はどこでも好きなところに住めるようになって、本当に楽になりました」

と言うのは、90年代半ばに北京で中国人用住宅に住んでいたAさん（30代女性）。上海でもそれは同様、取り締りの対象になっていた時期があったのだ。

当時と比べれば、今の上海は選択肢も格段に広がっている。

▲建設ラッシュが続いており、次々に新しい高層マンションが現われる

実際に、現地採用者が住んでいる中国人用住宅の家賃はというと、男性で月1,500〜3,000元、防犯や美観にこだわる女性の場合は2,000〜4,000元というところだ。なかには、90年代半ばに外国人用住宅として建てられたが、新築の外国人用住宅が増えたために家賃相場が下がっている物件もあるので、そのへんも狙い目だろう。家賃は、500米ドル（約3,500元）くらいからある。外国人用物件なので、ＮＨＫ衛星第１、第２などの日本語放送を視聴することができる。

ほとんどの賃貸物件に、ベッドやソファ、机、タンスなどの家具のほか、冷蔵庫、洗濯機、テレビなどの電化製品が揃っているので、日本からは衣服や身の回り品だけを持ってくれば、すぐに生活できる。また、大家との交渉次第では備品の追加や変更も可能だ。

部屋のタイプは2房1庁（２ＬＤＫ）や3房1庁（３ＬＤＫ）の物件が多く、１Ｋや１ＬＤＫは少ない。部屋の大きさは平米で表示されるが、表示には部屋やベランダだけでなく、エレベーターや廊

下などの共有スペースも含んでいる。

契約時には、当月の家賃と保証金として２カ月分の家賃を大家に支払う。保証金は退室時に戻ってくる。不動産屋への手数料は家賃の半月分ほどだが、不動産屋によっては家賃が高めの物件の場合は必要ないこともある。

物件探しの注意点は後述するとして、上海に住むにあたって特に気をつけなければならないのが、ガス湯沸かし器の使用による一酸化炭素中毒事故だ。上海では頻発しており、死亡に至ることもある。これは日本人も例外ではなく、日本総領事館でも注意を呼びかけている。日系マンションでは一酸化炭素中毒はほぼ有り得ないが、家賃の高い高級マンションなら大丈夫というわけでもなく、特に、家賃が安めの住宅では日頃から注意が必要だ。

上海の住宅ではガス湯沸かし器が室内に設置されていることが多く（なかには浴室に設置されていることも）、排気がうまくできていなかったり、あるいはガス器具・管の老朽化などが原因で一酸化炭素中毒が発生している。ガスを使用している時は常に、窓を開けて換気を心がけたい。

❷ 住居の探し方

まず、どのエリアに住むのかを決めよう。

会社から地下鉄あるいはバスを利用しても、なるべく乗り換えなし、地下鉄からバスへ（もしくは、バスから地下鉄へ）の乗り換えが必要だとしても１度ですむエリアを選んだほうがよい。また、出退勤にタクシーを利用する人も、公共交通機関を使った場合の便を考慮したうえでエリアを選択するのをおすすめする。朝夕は慢性的な渋滞なうえに、日中よりもタクシーが拾いにくく、これに雨が重なればさらに難しくなる。公共交通機関を利用せざるを得ないこと

▲不動産屋のウィンドウには、外観や部屋サイズなどの物件情報が

もあるためだ。

上海での住居探しは日本と同様、不動産屋を利用するのが一般的だ。日系の不動産屋も多いが、月1,000米ドル（約7,000元）程度以上の物件でなければ取り扱っていないので、月2,000〜4,000元クラスの物件探しを依頼しても期待できないと思ったほうがよい。

自分の住みたいエリアにある地元の不動産屋を数軒訪ねて、自分の希望を必ず具体的に伝えること。上海の不動産屋でも「2房1庁2,700元」といったように物件情報の張り紙はあるが、家賃が安くなればなるほど、日本のように詳細な間取り図や屋内の写真などは用意していないので、物件を実際に見てからでないと、どのような部屋かは分からない。

地元の不動産屋は中国語しか通じないことが多く、仮に通じたとしても英語のみ。中国語があまり話せない人は、中国人の同僚や友人などにつきそってもらったほうがよいが、無理な場合は自分の希望を紙に書いて伝え、値段や備品交渉も筆談で進めよう。上海には

欧米人向けの物件を専門に扱う不動産屋もあり、手頃な物件を揃えていることもあるので、英語が話せる人ならば欧米人向け不動産屋を利用するのも1つの方法だ。

インターネットを利用するなら、日本語の上海総合情報サイト「SHEX　日中ドットコム（上海エクスプローラー）」(http://www.nicchu.com）には住宅不動産コーナーがあり、賃貸物件情報が掲載されている。無料で開放されているコーナーなので件数はさほど多くないが、ここで紹介されている物件の大家は日本人あるいは日本語が話せる中国人である確率が高いので、問い合わせや交渉はスムーズに進みやすいだろう。

中国語（簡体字）サイトでは「上海房地租賃（http://www.ajiaju.com)」が便利。検索機能も付いており、エリアや間取り、家賃などの条件を入れて物件を検索することができる。物件情報にはそれぞれ、マンション名やおおよその所在地も記されているので、住みたいエリアの相場や物件の当たりをつけることができる。これらの情報をもとにして、不動産屋に「ＸＸ路の○○花園の物件が見たい」と依頼すれば、時間も効率的に使うことができるだろう。

❸ 住居選びのポイントと交渉

(1)物件を見る時の主なポイント

上海の賃貸物件にはほとんど家具や電化製品が付いているので、自分で家財道具を揃える必要はないが、入居後に電化製品の故障や水回りなどのトラブルが起きることが多いので、入居前の入念なチェックが必要だ。

チェックポイントリスト

部屋

●**電気**　電気をつける。電化製品の電源を入れる。電化製品が壊れている場合は指摘する。電気の容量は充分かどうか。

●**水回り**　すべての水道の蛇口をひねって、水圧が充分かどうか、水漏れしていないかを見る。高層階であればあるほど水圧が低くなりやすい。トイレの水も流してもみること。流れが悪いと、後々ストレスのもとになる。

●**ガス**　ガス湯沸かし器の位置を確認する。浴室内や寝室に隣接にしている場合は、危険。ガスをつけて、異常がないか、部屋の空気の流れや換気が万全かを見る。

●**バスタブ**　安い物件では、バスタブがなくシャワーだけの部屋も多い。バスタブが必要なら、不動産屋に希望条件として言っておくこと。

●**キッチン**　シンクの広さ、収納は充分かどうか。

●**家具**　一見立派に見えても、作りが雑なことが多い。クローゼットは扉の開け閉めなどをすること。

●**部屋の方角**　暖房はエアコン中心となり部屋が暖まりにくいので、南向きの部屋がベスト。

●**防音**　左右、上下の部屋からの騒音はないか。壁をたたくなどして、チェックする。

●**建てつけ**　窓からのすきま風はないか。あっても、許容範囲かどうか。フローリングの床は反ったり浮き上がっていないか。

●**電話**　電話は開通しているか。市内通話のみで長距離通話（国際電話）が無理な場合も多い。(日本からかけてもうらことは可能)。長距離通話が無理な場合は、ＩＰ電話を利用すればよい。

●**インターネット**　ＡＤＳＬやケーブル回線を利用したインターネット接続が可能か。

環境

●**セキュリティ**　住居の防犯はどうか。階下に警備員や管理人がいるかどうか、いない場合は居住者以外の人間の入出が簡単かどうかを見る。

●**コンビニ・スーパー・郵便局**　周囲にあるかどうか。公共料金の支払いもできる郵便局やコンビニ（一部）は近くにあると便利。

●**タクシー**　タクシーを拾いやすい場所かどうか。

大家

部屋の様子や周囲の環境を見ることはもちろん大切だが、「上海の住居探しで一番大切なのは大家の人柄」と言い切る人もいるほど、大家の人柄は重要だ。新築でどんなに美しい部屋を借りても必ず、水漏れや電化製品の故障などトラブルは発生する。トラブルが発生した際に、すぐに対処してくれる人かどうかを見極めよう。

上記の物件を見るポイントの多さにうんざりするかも知れないが、日本とは異なる環境のなかでの生活は、想像している以上にストレスを感じるもの。仕事をするうえでも日本的常識は通用せず、戸惑ったり苦労することも多いだろう。そのため、日本で生活するよりも“家”の存在は重要で、ゆっくりと寛げる自分にとっての安らぎの空間を得るために、物件を見る際に細かくチェックすることが必要なのだ。住み始めてからのトラブルを最小限に押さえることができるだけでなく、契約の際に不備な点を交渉の材料に使い、家賃を抑えることもできるので、億劫がらずにチェックすること。

⑵交渉

■家賃

値引き交渉が可能。日本人は家賃を滞納せず、部屋を汚さずに住むことが知られており、日本人でなければ貸さないという大家もいるくらいだ。「私は日本人なので、キレイに住むから家賃を安くして欲しい」というのは、交渉の切り札になることも。また、家賃がすべて自己負担で、発票と呼ばれる公的な領収書が不要な場合は、「発票は要らないから」というのも家賃を値切るコツ。管理費が家賃込みになるのかどうかも、要確認。

■家具・電化製品などの備品

備品にないものでも、交渉次第ではDVDデッキや飲水機、CD

コンポ、本棚、靴箱などを追加してくれることもある。家賃が高ければ高いほど、交渉の余地がある。家賃をディスカウントできなかった場合は、家具・電化製品で足りないものを用意してもらったり、ＡＤＳＬを敷設してもらうなど、交渉したほうがよい。

■清掃

部屋が汚れている場合も多いので、引越し前日までに清掃を完了してもらうよう確認すること。

■契約期間

通常は１年。上海の住宅では、電化製品の故障や水漏れなどのトラブルも多いため半年契約がベストだが、半年となると家賃がやや高くなることも。あるいは、やや高めの物件の場合は、不動産屋への手数料が必要ないこともあるが、半年契約になると手数料を半月分など要求されることもある。

■契約書

契約書は中国語で書かれているが、内容はすべて確認すること。毎月何日までに家賃を払わねばならないか、支払いが遅れた場合はどうなるか、退室する場合はいつまでに通知しなければならないか、退室時の保証金の返還などに、特に注意すること。交渉時に決定した備品の追加や変更などは口約束ではなく、契約書に追記してもらったほうがよい。いつまで経っても備品が追加されず、なし崩し的になかったことにされるのを防ぐことができる。

■鍵の交換

前住人が鍵を所持したままという可能性もなくはないので、防犯上の理由からも、鍵の交換はしたほうがよいだろう。鍵の交換費用も大家が負担してくれる場合もあるし、個人負担の場合もあるが、これも交渉次第。

④ 座談会 正しい上海的不動産物件の選び方

◎日本人であることは、値切りの切り札!?

A子（30代） B子もC子も最近、引越しをしたんだよね。今度の部屋はどんな部屋なの？

B子（20代） 家賃は管理費300元込みの4,000元で、1LDK。サービスアパートメントなので、セキュリティもしっかりしているし、地下鉄駅から徒歩で5分。地下鉄駅を出たところすぐにスーパーもあるし、青果市場も徒歩圏内にある。ようやく理想の住まいにめぐり合えた〜って感じなの。

C子（30代） 新築なんでしょ。不動産屋を通して見つけたの？

B子 不動産屋でも探したんだけど、ピンと来るところがなくて迷ってたところに、中国人の友達から「友達がマンションを買って、借りてくれる人を探している」って聞かされて。こっちって、家具をオーダーメードしたりするじゃない？ 家具をオーダーする時点で、色とか収納をたっぷりにして欲しいという私の希望も聞いてくれたし、ソファーなどの家具も一緒に買いに行ったから、好みの落ち着いた部屋になって、大満足！

A子 自分のお金を使わずに理想に近い部屋作りができるっていうのは、新築を借りる場合の特権だよね。

B子 大家さんにしても、日本人好みの部屋にしておけば、次の借り手も見つけやすいっていう読みがあったみたい。で、C子はどんな部屋なの？

C子 2LDKで2,850元。前の家は、市のど真ん中の超便利な場所だったけど、荷物が増えて部屋も狭くなっちゃったし、エレベーターがなくて4階まで上がるのは辛くなってきた 。大家さんがいい人だったから惜しかったけど、ちょうど更新の時期だったから、思

い切って引っ越したの。

A子　2,850元って、ずいぶん中途半端じゃない（笑）？　値切った結果ね。

C子　最初3,000元って言われたから、ほんとは2,800元にしたかったんだけど、相手も手ごわくて。結構粘って、「私は日本人だから、キレイに部屋を使うわよ」っていうのが最後には効いたみたい。間取りも希望通りだったし、上海には珍しく本棚が壁一面にあったりして収納たっぷりなところも気に入ったんだよね。内装のセンスも良かったし。

A子　上海の家って本棚がないことが多いから困るのよねぇ。内装って言えば、本当にびっくりするような部屋ってあるよね。私は今の部屋を決める時、地の利とか防犯とか、日本語放送が見られるところっていうんで、このマンションに絞り込んで探したのね。2LDKの空いている部屋を全部見せてって不動産屋に頼んで、10軒以上見たかな。赤いテロテロのサテン地のカーテンや、壁には桜吹雪の絵がかかっていたりして、まるで場末のバーみたいな部屋があったけど、大家に「日本にいるみたいだろ」って言われたよ。そんなわけない、っていうの（笑）。成金を絵に描いたようなやたら大きなシャンデリアがあって、落ちてきたら死にそうな部屋とか、真ッピンクの壁に塗り替えてある部屋とか、それはもういろいろ。

C子　アハハハ。同じマンションでも大家さんがそれぞれ違うから、思い思いの内装で、部屋巡りって面白いよね。私もザ・成金ていう部屋を見たこと、あるよ。たくさん部屋を見ると、中国人と日本人のセンスって違うなって思うことが多い。

B子　そうだね。

C子　絶対、その色のソファーは選ばないでしょってのとか。見た目重視で、機能的じゃない家具も多いし。タンスのカサはあるのに、あんまり収容できないとか、すぐ壊れるとか。

✿家探しは、引越し１週間前？

B子　日本でもそうだけど、海外にいるとどんな家に住むかってことがより重要になってくると思う。あんまり殺風景な部屋だったり、ひどい部屋だったりすると、疲れて帰って来たのに疲れが倍増しそうじゃない？　私が前に住んでた部屋は、隣のおばあさんが掃除をあまりしないしゴミを捨てない人だったみたいで悪臭がすごかったし、その前の部屋は日当たりが悪くてジメジメしてた。家探しでは失敗が続いてたから、今度こそ家に帰ってホッとしたかったのよ〜(笑)。日本で働くよりも楽しいことは多いけど、海外にいるっていうことでのストレスもあるでしょう。疲れを癒せる部屋が欲しかったんだぁ、すごく。C子は今回、何軒くらい見て決めたの？

C子　不動産屋はすごく地元っぽいところと、チェーン展開しているところの２軒に頼んで、部屋は全部で20軒くらい見たかな。

A子　20軒とは、頑張ったね。

C子　チェーン展開しているところってサービスも社員の態度もいいけど、扱っている物件が高め。だから私はめちゃローカルな不動産屋にもお願いしたんだよね。こっちの希望を伝えてあるのに、忘れているのか忘れたふりしているのか、家賃的には合っているけど希望していない物件まで紹介されたりしたからね。途中できつく言って、ムダな物件は見なくてもすむようになったけど。

B子　彼らの思い込みで、「いい部屋だろ」って言われてもねぇ。だから、自分の希望はきちんと伝えなきゃいけないのよね。

C子　でも、あんまり細かく言い過ぎると、日本人は細かいって不動産屋が面倒くさがっちゃうから、微妙な匙加減が必要かも（笑)。ところでさ、日本だと１、２カ月以上前に部屋探しをするじゃない？　だから私も１カ月くらい前に不動産屋に行ったのね。そしたら、「早すぎる。引越する１週間前に来い」って言われちゃった。物件も動いているから、１、２週間前で充分なんだね。

A子　早く見すぎると、気に入った物件を押さえるために逆に出費があるかも知れないしね。

Bさんの部屋

1LDK（新築）家賃4,000元（管理費込み）

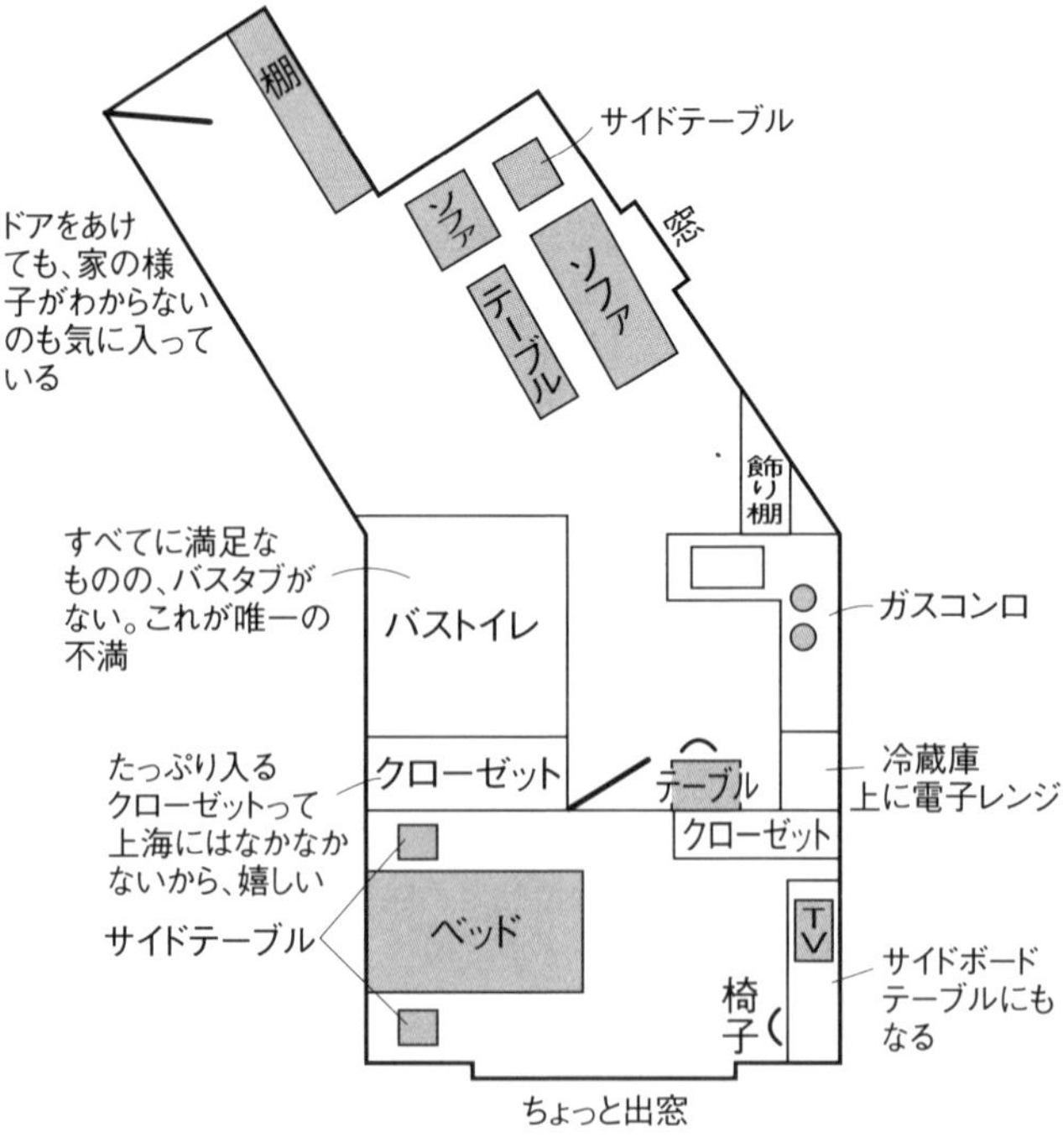

●ベッドルームからは浦東のTV塔も見える。
地下鉄駅から徒歩5分。近所にスーパーもあり。
ホテル式管理をうたっているだけあって、ロビーはゴージャス!

❢大家の人柄の見極めが肝心

A子　B子もC子も、上海で何回か引越ししているよね。上海での部屋選びの鉄則とかコツって、何かな？

B子　不動産屋には希望を具体的に伝えること。部屋を見る時には水回りとか備品とか徹底的にチェックして、問題や希望があったら、率直に大家さんに伝えること。こんなことを言ったら相手に失礼かもとか、お金のことは口にしにくいとか、日本的な遠慮は禁物！
言わなきゃ、こちらの気持ちは相手には伝わらないし、ムリかなって思って言ってみたら簡単に叶えてもらったなんてこともあるし。

C子　B子の言う通り。あとは、やっぱり大家がどんな人かってことも重視したほうがいい。今住んでいる部屋の大家は海外に留学していて、大家の友達が代理人なのね。その代理人ってのが外資系企業勤務のパリっとした感じで、最初はスマートでいい感じだったんだけど、約束したことをやってくれないことが続いたから、指摘したのよ。そしたら逆ギレされちゃって、参っちゃった。地方に出張していることも多いから、エアコンが壊れた時の対応も遅かった。

B子　大家とのいい関係作りって大事だよ。前は苦労したもん。

C子　前の部屋の大家はほんとにいい人だった。懐かしいよ〜。

A子　大家って、部屋を決める時の最後の決め手かも。どんなにキレイな家でも、エアコンとか洗濯機とか何かしら壊れたり、水漏れのトラブルとかあるからね。ウチの大家は２階下のフロアに住んでいるから、何か壊れてもすぐに対処してくれるのね。大家がいなくても、ダンナやお母さんが対応してくれるから助かってる。でも、私が住んでいる部屋を大家が売りに出そうとしてて、ひょっとすると近々大家が替わりそうなのよ。新大家になりそうな人は「そのまま住んでいていい」と言っているそうだけど、どうなることか。新大家の様子や人柄を見て、引っ越すかどうか決めようと思ってる。

C子　そういうこともよくあるのよねぇ。これまでたくさんの大家を見てきた実感なんだけど、大家はおっちゃん・おばちゃん世代がいちばんだと思う。ホワイトカラー層の若い人は一見スマートだけ

ど、結局は投資目的で家を買っているから、何かが壊れてもあまり面倒を見てくれない。家賃収入を当てにしているおっちゃん世代だと、部屋にも愛着があるから対応も早いし、人情味もある。

A子　なるほどねぇ。でもその世代が所有している部屋って、内装のセンスがイマイチじゃない？

B子　どんな部屋にも一長一短あるってこと？　あら、でも私は理想の部屋を見つけたわよ。

C子　それも大家とのバトルの経験のタマモノなんじゃないの？

Cさんの部屋

2LDK家賃2,850元（管理費込み）

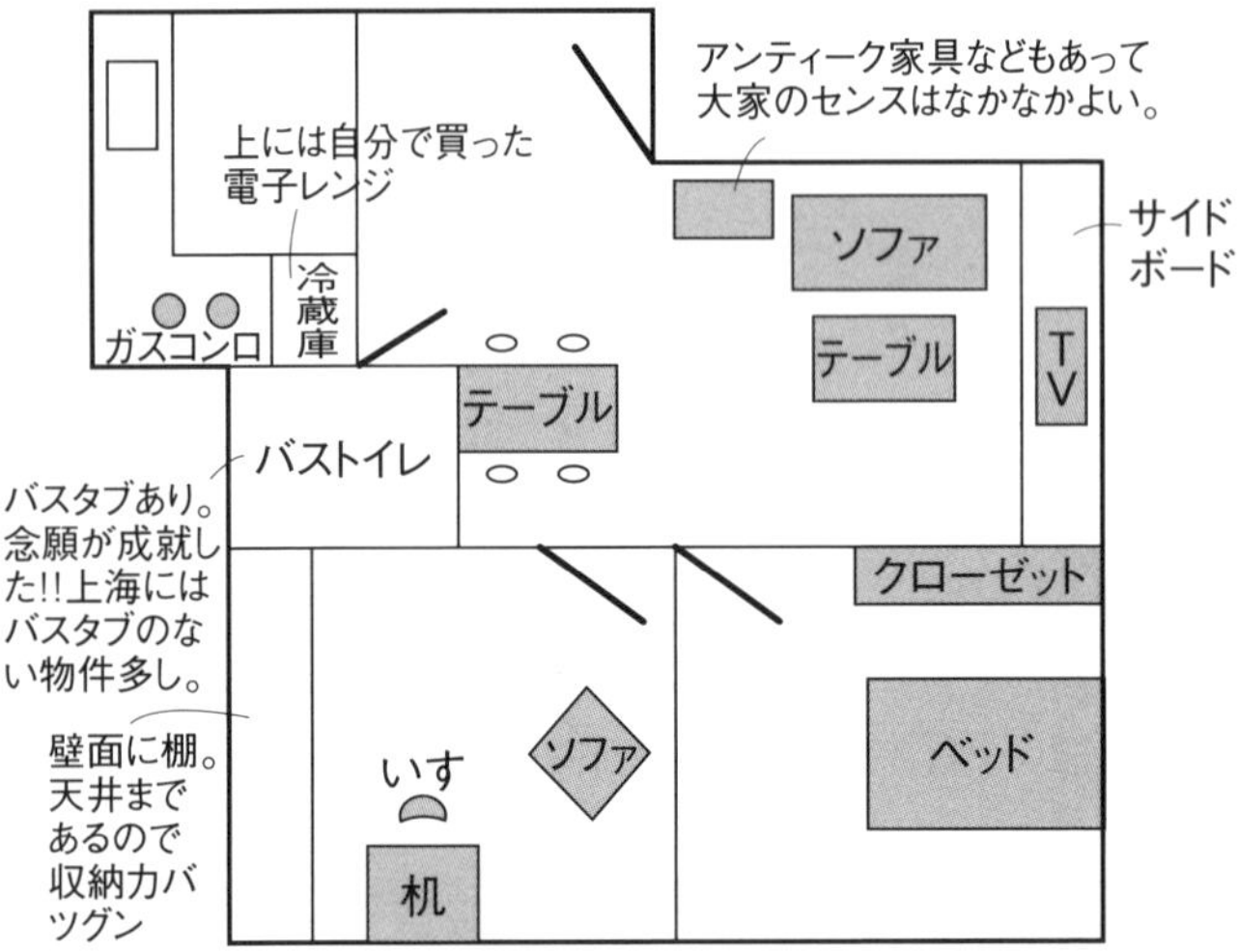

●地下鉄から徒歩10分。市内中心部なので大体どこでもタクシーでワンメーター10元で行ける。徒歩1分内でローソン、銀行もある。

暮らす

❶ 祝祭日と伝統行事

中国の法定の祝祭日には元旦、春節(旧正月)、労働節(メーデー)、国慶節（建国記念日）がある。元旦は１日のみで、春節などはそれぞれ３日間の休みとなるが実際は法定の休日よりも多く休む（約１週間)。大型連休とするために、直前の土日を振り替え出勤日とする会社も多い。この４つの祝祭日はすべての人が休日となるが、そのほか、国際婦女節（国際婦人デー、３月１日)、国際児童節（国際児童デー、６月１日)、中国人民解放軍建軍節（中国人民解放軍建軍記念日、８月１日）などは、該当する人だけが半日または１日休む。

＜主な年中行事＞
元旦（１月１日）
春節（旧暦１月１日／04年は１月22日）
元宵節（旧暦１月15日／同２月６日）
清明節（４月５日頃）
労働節（５月１日）
端午節（旧暦５月５日／同６月22日）
中秋節（旧暦８月15日／同９月28日）
国慶節（10月１日）
重陽節（旧暦９月９日／同10月22日）

また、休日にはならないものの、伝統行事も旧暦に従って行なわ

れている。旧正月から15日目の元宵節、祖先の墓参りをしたり郊外に出かけたりする清明節、家族で集まって月見をしたり月餅を食べる中秋節などがある。中秋節の１ヵ月ほど前になると、デパートやレストラン、ホテルなどで月餅の販売が始まる。最近は会社から社員への慰労を込めて配布されたり、会社間で取引先に贈るようにもなっている。

祝祭日や年中行事ではないが、７月７日（盧溝橋事件）、９月18日（柳条湖事件）、12月13日（旧日本軍の南京侵攻）も記憶しておきたい。これらの日の前後には毎年、マスコミが抗日キャンペーンをはり、新聞特集記事や記念番組などで戦争中に旧日本軍が中国で行なった非道な行為を繰り返し報道する。こういったキャンペーンに影響されて、この時期には日本人を感情的に批判する人もいるので、その背景について理解しておくことが必要だろう。近現代史に無知や無関心であることが中国人の不快感をあおる場合もあることを忘れずに。

❷ 上海の物価水準

上海の物価は安いので、自炊を中心にした生活をすれば生活費は安くあげることができる。日本より格段に安いのは、食料品や日用品など。交通費はバスや地下鉄だけでなく、タクシー料金も日本よりずいぶん安い。しかし、この料金の安さに安心して頻繁に使ってしまい、意外と高い出費になるのもタクシー料金なので、要注意。

逆に、日本と同水準、あるいは高いのは電化製品や化粧品など。例えば、携帯電話機は安いものでも600～700元で、高いものになれば8,000元以上するものもある。ノートパソコンやデジタルカメラ、ＭＤウォークマンなども、日本より割高となる。

同じモノを買うにしても玉石混交で、品質や中国製か外国製かに

上海物価表

牛乳１ℓ　５～８
卵10個　５
米10キロ　16～18
缶ビール（青島）　３
缶コカコーラ　２
コンビニおにぎり（ローソン）　２
カップ麺　2.5～3.5
トイレットペーパー（10コ）　10～15
煙草（マイルドセブン）　10
マクドナルド（ビックマック）　9.8
スターバックス（カフェラテ・ショートサイズ）　15
吉野屋牛丼セット　16
宅配弁当（中華料理）　７～
宅配弁当（日本料理）　25～
日本居酒屋　食べ放題飲み放題　100～150
テレビ（国産29インチ）　1,000
携帯電話機（NOKIA カラー液晶）　2,500
デスクトップパソコン（国産）　6,300
ＤＶＤデッキ　800
タクシー初乗り料金　10
市内バス料金　２
地下鉄料金　２
上海ー北京飛行機運賃（正規料金）　1,000
クリーニング（ワイシャツ）　10～15
足マッサージ（60分）　60
朝刊紙　0.5
ファッション誌　20
ニュース週刊誌　５
タウン週刊紙　１
単行本　18～25

単位は元。1元=約13円

▲市場では安くて新鮮な野菜が手に入る

よって値段は異なる。また、例えば野菜や肉ならば値切れることのできる市場で買うのか、夜まで開いているスーパーで買うのかでも値段に開きが出てくる。多様で雑多な価値観が物価にも反映しており、自身の購買基準、価値観を持って生活していくことが大切だ。

❸ 買物事情

90年代後半からの外資系スーパーやコンビニエンスストアの急増などで、上海での買物も便利になってきた。

スーパーは夜10時まで開いている店がほとんどで、退勤後の買物にも不自由はしない。ただし、大きめのバッグは万引防止のために無料のコインロッカーなどに預けなければならないところが多く、慣れるまでは不便さを感じるだろう（ファスナーのついた小型バッ

▲コンビニは上海にすっかり定着。ローソンに続き、2004年はファミリーマートも進出

グは携帯して買物できる)。地元スーパーでは、「聯華超市」「華聯超市」「農工商超市」などが有名。

「羅森(ローソン)」などのコンビニでは、おにぎりやおでん、弁当などを取り扱っており、昼食時や帰宅時に利用する日本人も多い。ローソンでは固定電話や携帯電話の支払い代行も行なっている。

日本食品の調達なら、デパート「友誼商城」の1Fにある食品スーパーが便利だ。日本食材や日本料理の惣菜コーナーもあり、在住日本人に人気がある。輸入品なので、値段は高め。そのほか、日本食材を扱う宅配サービスを利用することもできる。

中国の水道水は飲用に適しないので、飲む場合には必ず沸騰させたほうがよい。そのため、上海では中国人・外国人家庭を問わず飲料水の宅配を利用するのが一般的だ。

中国の農薬問題を気にするなら、一般の野菜に比べて割高になるが無農薬野菜ブランド「錦菜園」がある。上海市民の間でも食の安全への意識が高まっており、「友誼商城」や「カルフール(家楽福)」

など多数の店舗で販売されている。

上海に到着したばかりの時、生活必需品を揃えたいなら、日本人など外国人が多く居住する古北地区の「カルフール古北店」がおすすめ。朝８時半から開店しており、食品から日用品、寝具、家電などをこの１店舗で揃えることができる。カルフールはヨーロッパ最大のフランス系スーパーマーケットチェーンで、市内に6店舗を構える。

カジュアルでシンプルな家具や台所用品、雑貨を買うなら、上海の若者にも人気のスウェーデン系家具店「IKEA」などがいいだろう。

衣料は日本で着用していたもので充分対応できるが、上海でも安く販売されているので、「襄陽路服飾市場」やデパートなどで購入する人も多い。

■利用しやすい店一覧

【外資系スーパー】

カルフール（家楽福）古北店

マクドナルド、イタリア料理店など飲食店や化粧品店も。

上海市水城南路268号

【デパート】

友誼商城

日本食材が欲しくなったら、まずはここの１Ｆスーパーへ。

上海市遵義南路６号

華亭伊勢丹

洋服、靴、化粧品などが中心。

上海市淮海中路527号

梅龍鎮伊勢丹

ファッション関係のほかに、寝具、日本製の日用品なども。地下にフードコートとスーパーがある。

上海市南京西路1038号

▲上海女性に人気がある伊勢丹

太平洋百貨

台湾系デパート。上海市民に人気がある。地下にスーパーあり。
淮海中路店：上海市淮海中路333号
徐匯店：上海市衡山路932号

パークソン（百盛）

淮海店は地下鉄茂名南路駅上にある。２店舗とも、地下にスーパーがある。
淮海中路店：上海市淮海中路918号
虹橋店：上海市遵義路100号　虹橋上海城内

久光百貨

香港そごうを経営する企業がマネジメントしている。
上海市南京西路1618号

第一八百伴

旧ヤオハン合弁のデパート。浦東地区で最も有名なデパート。
上海市張楊路501号

【宅配サービスも行なう食材店】

美濃屋

日本食材および弁当・惣菜など。日本語ＯＫ。
上海市古北新区栄華東道126号　Ｆ座１楼

Tel (021) 6208-8205

しんせん館

鮮魚や日本食材など。ウェブ上での注文も可能。
古北店：上海市古北新区栄華東道119弄12号　101室
Tel (021) 6209-8205
太陽広場店：上海市仙霞路88号　太陽広場２階
Tel (021) 6208-3326

シティースーパー

欧米、南米、東南アジアなどの輸入食材が揃う。
上海市虹梅路3211号

【飲用水宅配サービス】

Waterman

Tel (021) 6482-1688

Watsons　Water

Tel (021) 2660-6688
http://www.watsons-water.com/

【その他】

IKEA（宜家家居）

スウェーデン系家具店。
上海市龍華西路585号

襄陽路服飾市場

上海で最も有名な衣料品・雑貨市場。地下鉄茂名南路駅からすぐ。
2005年に移転の予定。
上海市淮海中路999号

④ 生活費の目安

では、実際には1ヵ月の生活費はどのくらいかかるのだろうか。食費や光熱費は？　貯金はできるのか…。目安を知るために、2人の女性の例を紹介する。男性の場合は、家賃は女性より安めで、被服費などの代わりに食費や交際費への比重が大きくなっているようだ。

Bさんの場合

27才女性、日系メーカー営業

1人で住むよりもいい部屋に住めること、2人のほうが何かと安心感なことから、友人とルームシェアできる部屋を探した。上海では4,000元程度出せば、セキュリティもまずまずでNHK衛星放送を見られるマンションに住むことができるので、今の住まいには満足している。

なるべく自炊を中心にして食費を浮かせるよう努力しているが、日本人同士のつきあいにかかる交際費や日本への電話代と出費がかさんでいて、毎月1,000元貯金するのがやっとというところ。来年の契約更改時には給料アップの交渉をするつもりだ。

収入：	基本給	10,000元
支出：	家賃	2,000元
	光熱費	150元
	電話代	300元
	食費	1,500元
	交通費	500元
	交際費	1,500元
	被服費	1,000元
	娯楽費・その他	1,225元
	所得税	825元
	貯金	1,000元
	計	10,000元

Aさんの場合

28歳女性、日系サービス業

上海で１年前に転職をしたＡさんは、以前の会社よりも給料が上がった。さらに、最初の会社では家賃補助がなくて貯金があまりできなかったので、今回は契約時に家賃補助をしてくれるよう交渉をして要求を通すことができた。おかげで、毎月９万円程度の貯金ができるようになり、旧正月や国慶節休暇などを利用して海外旅行や中国国内旅行を楽しめるようになった。

最近の楽しみは、週に１回のゴルフ。打ちっぱなしで100球打って70元と安いし、コーチにもついているが友人たちと頭割りするので１回100元で教えてもらえる。健康管理とダイエットのために始めたジムには週に２回程度通っていて、これも月に300元。どれも日本よりも安い料金なので、余暇の楽しみが増えた。

今気になっているのは、年金問題。海外在住者は任意加入だが、現在将来のことを考えて加入したほうがいいのではないかと思い始めている。

収入：18,100元（基本給15,000元＋家賃補助3,000元＋携帯電話料金補助100元）

支出：	家賃	3,000元	（会社負担）
	光熱費	200元	
	電話代	150元	（100元分は会社負担）
	食費	2,000元	
	交通費	1,000元	
	交際費	1,000元	
	娯楽費・その他	1,875元	
	所得税	1,825元	
	貯金	7,000元	
	計	18,050元	

光熱費では、水道・ガス代の安さに比べると電気代はかなり高い。特に冬季は上海での暖房はエアコンに頼ることになる。使い過ぎると電気代がかさみ、家計を圧迫することにも。国際電話も、ＩＰカード（詳細は、P.81）などを利用して節約したい。

❺ 銀行口座

銀行口座は、パスポートがあれば開設することができる。所定の用紙に中国での住所・電話番号などを記載するが、印鑑は必要ない。暗証番号6桁も必要になるので、事前に考えておこう。基本的に、その場で通帳とキャッシュカードを発行してくれる。

通帳を作る際には、口座名義の表記がパスポートと同じかどうかに気をつけたい。中国では簡体字を採用しているため、日本の漢字とは微妙に異なる書き方をするものも多い。窓口係が日本語の漢字表記を中国簡体字に書き換えてしまうこともあり、パスポートを提示しても氏名が違うと言われて本人と認められないケースもあるので、注意したい。通帳は漢字ではなく、アルファベット表記でも作ることのできる銀行もあるので、窓口で確認したい。

市内ではＡＴＭ機も普及してきており、24時間現金を引き出すことができる。日本のようにＡＴＭ機横に仕切りがないので、周囲に注意をした上で現金を引き出したほうがよい。銀行によって異なるが、１日に引き出せる金額は1,600元前後。１日３回と限られている銀行も多いので、大金を引き出したい時には銀行窓口に行く必要がある。

❻ 健康管理

上海の気候は日本とほとんど同じなので特筆するべき風土病はないが、海外で生活していることを忘れず健康管理には気をつけたい。上海で注意すべきは下痢や肝炎、そして2003年に猛威をふるったSARSなどだ。特に、中国のＢ型肝炎のウイルス保持者は1.3億人、

患者は3,000万人とも言われており、深刻な状態。肝炎にかかる日本人も少なくないので、注意が必要だ。

衛生状態の悪いレストランや露店では食事をしないこと。また、外食をする際はなるべく割り箸を使い、コップや皿に水がたまっている場合にはよく拭くか交換してもらったほうがよい。なまものも避けたほうがベター。また、大皿から料理を個々の箸で取るのではなく、取り箸を用意してもらったほうがよいだろう。

外出した後にはうがいと手洗いを心がけ、紙幣やコインを触った後にも手洗いを励行しよう。

上海の医療水準は低くはないが、衛生観念に対する意識や言葉の問題などもあるので、日本語が通じる病院を利用すると安心だ。

【健康管理と日本語が通じる病院】

上海浦東森ビルクリニック

日本人医師・看護士が常駐している。入院や緊急対応はできない。
上海市浦東新区銀城路101号　滙豊ビル3Ｆ
Tel(021) 6841-0513

上海グリーンクリニック

日本人医師、看護士、放射線技師が常駐。半日ドック可。
上海市仙霞路88号　太陽広場　東塔１Ｆ
Tel(021) 6208-2255　6208-2288

上海博愛国際医療センター

日本人常駐。入院施設あり。
上海市淮海中路1590号　博愛医院８Ｆ
Tel(021) 6431-5107
24時間日本語対応電話：1380-174-2001

ワールドリンク（上海瑞新国際医療中心）虹橋診療所

日本人常駐。歯科もある。6405-5788
上海市虹許路788号　名都城30－１Ｆ
Tel(021) 6446-7463

ＡＨＳ逸仙会病院
日本人常駐。
上海市楓林路180号　上海大学中山病院１号館
Tel(021) 6416-7374

ＡＨＳ虹橋分院診療所
日本人常駐。日系マンション内にある。
上海市虹橋路2489弄200号　上海花園広場管理中心２Ｆ
Tel(021) 3216-0053

桜花クリニック
上海市工人療養院内にある。24時間対応可。
上海市延安西路2558号　上海工人療養院　桜花別墅２号館２Ｆ
Tel(021) 6209-9820

【薬局】
ワトソンズ（屈臣氏）
香港系ドラッグストアチェーンで、市内に数店舗を構える。薬品以外にシャンプーや化粧品、菓子なども販売。若い女性たちに人気がある。以下は、一部の店舗。
梅龍鎮伊勢丹店：上海市南京西路1038号　梅龍鎮伊勢丹内
上海商城店：上海市南京西路1376号　上海商城内
淮海店：上海市淮海中路787号

【海外旅行傷害保険】
海外に在住していると、本人が健康に留意していても、思わぬ事

件や事故、災害に巻き込まれるケースもある。そういった時、海外傷害保険に加入していれば医療費や、親族の現地への渡航費などが保険金から支払われる。保険は、日本を出発する前に必ず加入する必要がある。ＡＩＵや東京海上火災、損保ジャパンなどの保険代理店による海外保険のほか、ＪＣＢやＵＣマスターカード、ＶＩＳＡなどクレジット付帯タイプなどさまざまある。また、現地の病院と提携している保険は、保険証書を見せればキャッシュレスで医療サービスを受けられる。日本語による緊急対応サービスが受けられる保険もあるので、保険内容を吟味して加入したい。

既往症や歯科疾病などは保険対象とはならない。

【国民保険による払い戻し制度】

国民保険に加入していれば（海外居住者の加入については、P. 8参照）、海外滞在中に治療を受けた場合、帰国後に申請すれば支払った医療費の一部が払い戻される制度がある。海外医療費（療養費）は健康保険法の規定による給付基準によって支払われるので、かかった医療費の100％が支払われるとは限らず、差額は自己負担となる。また、日本国内で保険に適用されない医療行為（差額ベッド、臓器移植、不妊治療など）は療養費の対象とならない。払い戻しの申請期限は、治療費を支払った日の翌日から起算して２年以内。

さらに、申請書類には日本語訳の添付が必要で、申請から払い戻しまでに約４カ月の時間を要することも忘れずに。

■治療・申請の方法

①受診した海外の医療機関で、治療費を全額支払う。

②その医療機関で、治療内容が記載された(A)「診療内容明細書」と医療費が記載された(B)「領収明細書」もしくはそれに順ずる証明書を発行してもらう。これらの証明書用紙は市町村・国保組合の窓口にあるので渡航前に揃えておくか、下記ホームページからダウンロードする。

③帰国後、国民保険に加入している市町村・国保組合で申請手続きをする。

必要書類　(A)「診療内容明細書」
(B)「領収明細書」
「医療費支給申請書」（担当窓口にある）
＊(A)(B)には日本語訳の添付をすること。
保険証
世帯主の印鑑
世帯主の口座番号

④市長村・国保組合から保険給付分が払い戻される。

社団法人　国民健康保険中央会（国保中央会）
〒100-0014
東京都千代田区永田町１-11-35　全国町村会館５Ｆ
㊔03-3581-6821
FAX03-3581-3523
http://www.kokuho.or.jp/

❼ インターネット事情

上海でもインターネットが普及しており、ADSLやケーブル回線などを使ったブロードバンドが一般的になっている。

ADSLの使用料金は512Ｋで１カ月130元。料金を追加すれば、１Ｍ、２Ｍにまで速度をアップすることができる。設置費用300元、手続き費用10元に、ADSLモデム料金が約600元。LANカードは自分で用意しておくこと。通常、申請後１週間から２週間で使用できるようになる。

詳しくは上海熱線のホームページ（http://www.online2.sh.cn)

を参照のこと。

ケーブル回線を利用する場合は、上海市内では有線ケーブルがほとんどの地区で開通しているので、申請してから設置までの時間がADSLよりも短いことも多い。接続費用は時間制限なしで、120元。設置費用は580元。

代表的なのは、「有線通」(http://www.cableplus.com.cn)。

ブロードバンドが設置されるまでの間やブロードバンドにトラブルが発生した時には、ダイアルアップ方式を利用することになる。固定電話の電話代に接続料金がそのまま加算され、電信局から電話料金と一緒に請求書が送付されてくる。接続料金は1時間3元。電話番号は「16300」で、ログイン名もパスワードも「16300」。

また、プリペイドカードタイプを利用してダイアルアップ方式で接続することもできる。カードは市内のパソコンショップなどで販売されており、10元、20元、30元、50元、100元と種類も多い。額面よりも安く購入できるので、ディスカウントの交渉をしたい。

❽ 電話事情

■携帯電話

渡航後すぐに購入したいモノのひとつが携帯電話だろう。

中国の携帯電話会社は、「中国移動通信」(China Mobile) と「中国聯通」(China Unicom) の2社。第2世代携帯で優位を誇ってきた「中国移動」はＧＳＭ (Global System for Mobile Communication)方式で、日本の通信方式とは異なる。一方の「中国聯通」は、第2.5世代携帯でcdma方式である。

「中国移動」にも「中国聯通」にも、後払い方式とプリペイド方式の2種類がある。

後払い方式では、外国人が申請する場合は自身の身分証明証のほ

▲携帯電話の番号も縁起の良いものが高額で売買される

かに、上海の現地企業もしくは上海戸籍を持つ市民の保証が必要となる。料金の支払いは、携帯電話会社のカウンター、郵便局、コンビニなどで可能。「中国移動」の場合は毎月50元の基本料金がかかる。「中国聯通」は同45元で、市内通話料金も「中国移動」よりやや安い。

香港や台湾、その他のアジア諸国での使用ができるローミングサービスが受けられるのは後払い方式だけで、申請を別途行なう必要がある。

プリペイド方式の場合は、保証人が不要で気軽に購入することができるため、利用する外国人が多い。基本料金はかからないが、通話料金は後払い方式よりも若干高めとなる。チャージには「充値カード」を購入し、料金を補充する。「充値カード」はコンビニや新聞・雑誌スタンド、地下鉄構内など市内あちこちで購入可能。中国の携帯電話はかけたほうだけでなく受信にも課金されるため、残高をこまめに確認して料金を補充をしておかないと、電話をかけられないだけでなく受けることもできなくなる。

携帯電話機は日本よりも高価で、安いものでも600〜700元、高いものになると7,000〜8,000元するものもある。中古品や中国大陸よりも安く販売されている香港で購入することもできるが、使用後に不良品であることが分かったり、あるいは故障した場合にも保証が受けられないので、大陸で新品を購入したほうがよいだろう。

携帯電話機はデパートやショッピングモール、パソコンショップなどで販売されており、プリペイドカードの番号は携帯電話会社のカウンターだけでなく、電話機を販売している場所でも買うことができる。電話番号はいくつかの中から選択することができるが、8や連番になった縁起の良い番号や覚えやすい番号になると高価な値段で売られている。

なお、中国ではSIMカードというチップに顧客情報を記録しているので、電話の機種を変更してもそのまま同じ番号が使える。また、後払い方式からプリペイド方式へ、プリペイド方式から後払い方式へ変更することも可能で、電話番号は変えずにすむ。

■固定電話

ほとんどの住宅に電話線は架設されているが、住宅によっては長距離通話サービスを申請していないため、市内通話しかできない場合もある。しかし、市内通話しかできない電話であっても、IPプリペイドカードを利用すれば、長距離通話（国内・国際）もできるし、電話料金も半分ほどに節約することができる。

IPとはインターネット回線を利用した電話のことで、「吉通」、「網通」、「中国電信」、「聯通」など各社が参入している。IPカードは指定番号に電話をかけ、音声ガイダンス（英語と中国語）に従って利用する。音質もかなり向上しており、利用しやすくなった。IPカードは携帯電話用プリペイドと同様に市内各地で購入できる。ディスカウントも可能。IPカードを利用せずに長距離通話をしたい場合は、大家と交渉して電信局に申請手続きをしてもらおう。

⑨ 交通事情

【上海公共交通カード】

1999年に導入された「公共交通カード」は、市内の交通機関をほぼ網羅しており、このＩＣカード一枚を持っていればキャッシュレスでバス、地下鉄、軽軌鉄道、タクシー、船などを乗り降りできる。日本のSuicaや香港のオクトパスカードに似ているが、香港よりも便利な点はタクシーでも利用できること。上海のドライバーの中には小銭を用意していない者も多く、紙幣をくずしてくれる商店を求めてドライバーと共に行きつ戻りつする羽目になることも少なくないので、この交通カードを持っていれば時間を無駄にせずにすむ。

▲駐車場の空き状況を示す表示板

同カードの発行数は現在約1,000万枚で、普及率は60％に達する勢いだ。カードの購入や料金の補充は銀行やコンビニ、マクドナルドなどの一部でできるが、一番確実なのは地下鉄構内だ。デポジット30元込みで、130元から。

【地下鉄・軌道鉄道】

1995年に１号線が開通した地下鉄は現在３本の路線が運行し、市内を東西と南北の十字に結んでいる。ほぼ全線が高架を走る軌道鉄

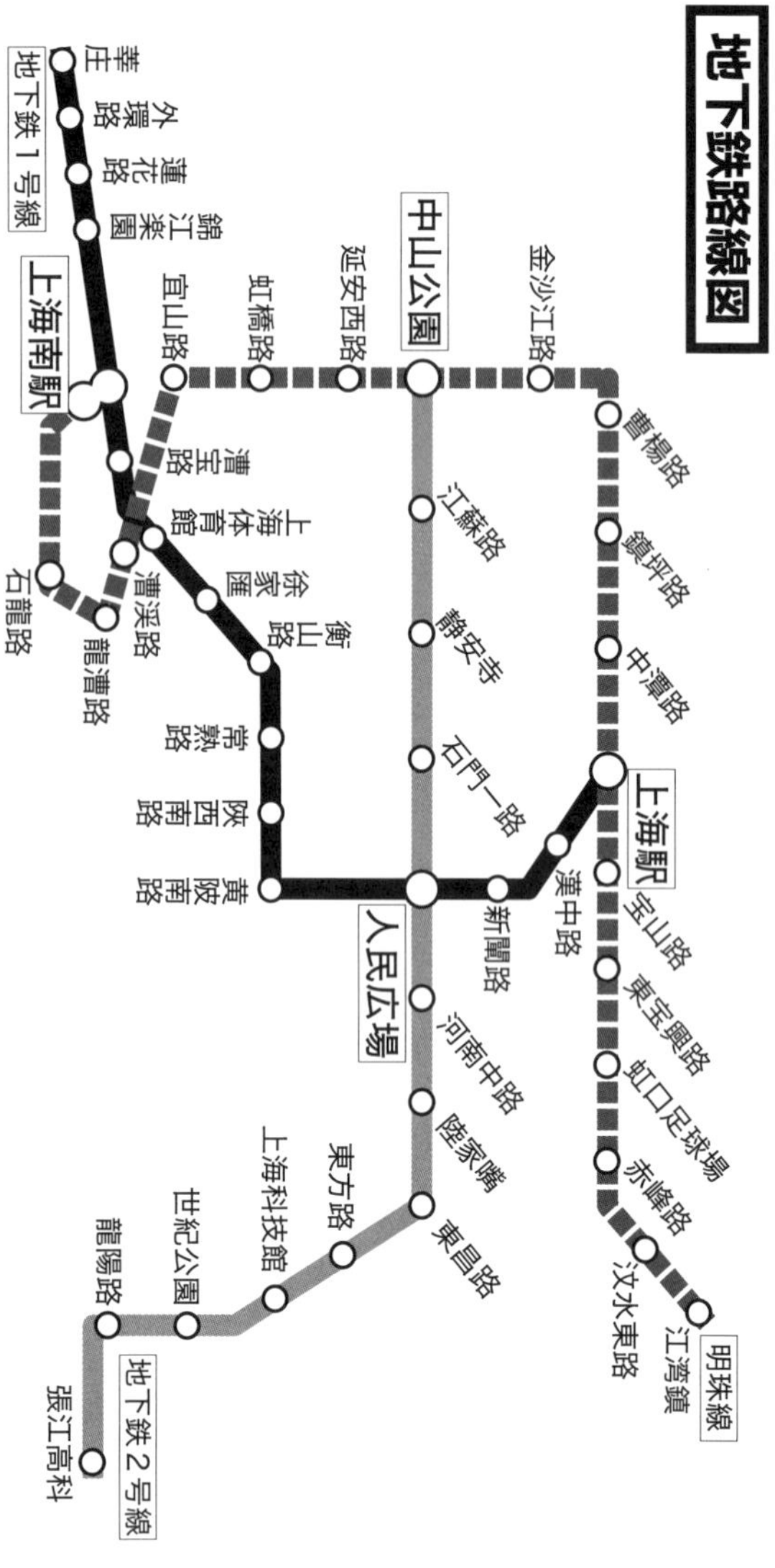
地下鉄路線図
中山公園
金沙江路
延安西路
虹橋路
宜山路
曹楊路
鎮坪路
中潭路
上海駅
宝山路
東宝興路
虹口足球場
赤峰路
汶水東路
江湾鎮
明珠線
江蘇路
静安寺
石門一路
漢中路
新閘路
人民広場
河南中路
陸家嘴
東昌路
東方路
上海科技館
世紀公園
龍陽路
張江高科
地下鉄2号線
黄陂南路
陝西南路
常熟路
衡山路
徐家匯
上海体育館
漕宝路
漕渓路
龍漕路
石龍路
上海南駅
錦江楽園
蓮花路
外環路
莘庄
地下鉄1号線

道「明珠線（３号線と呼ばれる）」も2000年12月に開通しているが、さらに市中心部から放射線状に郊外へ伸びる形で地下鉄の新路線が建設中で、総長200キロ、10路線のネットワークが2010年頃には完成する予定。

【バス】

最も市民の生活に密着しているのが、１日平均760万人が利用するバスだ。バスはエアコンがきいている「空調」バスと、そうでないタイプがある。空調バスは液晶テレビが設置されているものもあり、料金は基本的に２元（長距離区間によっては、３元）。乗車後に車掌に行き先を告げ、切符を買う。エアコンのないタイプはワンマンバスがほとんどで、前から乗車し、後ろから下車する。料金は１～1.5元。

路線番号が300番台のものは夜間バスで、23時頃から早朝４時頃まで運行している。

地図にはバス路線の一覧表が記されているので、購入しておくと便利。書店、新聞雑誌スタンドなどで販売されている。

上海市の交通情報の詳細は、上海市交通信息中心のホームページ（http://www.jt.sh.cn）を参照。

【タクシー】

地下鉄が整備されてきたとはいえ、現時点では市内を網羅するまでには程遠く、タクシーを利用することも多くなるだろう。初乗り料金は10元と安い。なかには新人ドライバーもいて、客の側が目的地までの行き方を教えなければならなかったり、結果として遠回りをされることもあるが、悪質なドライバーは少ないので安心して利用できる。上海のタクシーは会社によってボディカラーが違うので、色を見ながらタクシーを拾うとよい。

退勤時間の夕刻や雨天時はタクシーを拾いにくくなり20～30分待っても乗車できないことも多い。

▲バス路線は複雑だが慣れれば便利

▲タクシーはボディカラーを見ながら選ぶ

悪質なドライバーにあたった場合や忘れ物をした場合に備えて、下車時に領収証をもらっておくといい。

🚘優良タクシー会社

大衆出租汽車（ボディーカラーは、水色）
上海巴士出租汽車（同、ライトグリーン）
強生出租汽車（同、オレンジ）
錦江汽車服務（同、白色）

【リニアモーターカー】

2002年末に運行を開始したリニアモーターカーは、浦東空港と龍陽路駅30キロを約８分で結ぶ。2004年５月から中国単独で運営されている。当初より料金も値下げされ、現在片道50元、往復で購入すると80元になった。浦東空港ビル２階からリニア駅とがつながっており、龍陽路駅下車後は地下鉄２号線へ乗り換えることができる。８時半から17時半までの間、20分間隔で運行している。

【自動車免許】

中国は道路交通に関する「ジュネーブ条約」を批准していないため、日本において発行された国際運転免許証を所持していても使用することはできない。そのため、中国で運転したい場合には、日本の免許証を中国で書き換える必要がある。免許証の取得は、外国人居留証を持っている人に限られ、旅行者や長期出張者などは取得することができない。

手続きは、市内の運転免許試験場で行なう。まず、所定の申請用紙に必要事項を記入のうえ、パスポート、居留証、日本の免許証のコピーを添付して提出する。身体測定合格後に、筆記試験を受験する。試験問題は、手続きの際に試験場から渡される筆記試験用の問題集のなかから出題される。試験問題の言語は、中国語か英語を選択できる。合否はその場で言い渡され、合格であれば免許証を受け取る。日本での免許取得が３年未満の場合は、路上試験も必要になる。

以上のように居留証を持つ人であれば、運転免許証を取得することは比較的容易だが、上海に在住する日本人で自動車を運転している人はほとんどいない。マイカーブームによって急増しているドライバーのなかにはマナーの悪いものも少なくなく、自身が交通ルールを厳守していたとしても事故に巻き込まれることも考えられる。また、医療体制が改善されているとは言っても、外国で治療を受けることに不安を感じるためだ。仮に免許証を取得して上海で日常的に運転をしていると、中国流の割り込みや車間距離を守らない習慣などが身についてしまい、日本に帰国した際に交通ルールやマナーに戸惑う人もいるようだ。

⑩ 上海の情報環境

上海に住む日本人の大きな情報源となっているのが無料の邦字誌・紙で、現在雑誌4誌、新聞1紙が発行されている。

上海でいち早く出版された『WALKER』は、レストランやイベント・エンターテインメント情報が豊富で、連載ものとしては上海博物館に勤務し、上海史を研究している地元研究者の「老上海」や上海で働く各国の女性たちを紹介する「Biz ウーマン　Interview」などがあり、ビジネスマン、駐在員夫人、留学生の垣根を超えて上海在住者に幅広く支持されている。

『Super City 上海』は母体が不動産会社ということもあり不動産情報をはじめとして、学校・幼稚園や病院、食生活などの生活ネタなどの特集に定評がある。

2003年に創刊された『コンシェルジュ』はすでに北京、大連、香港の3地域で発行されていることもあり、ネットワークを生かした作りとなっている。毎回在住日本人が表紙を飾っている。

3誌が“生活・文化ネタ＋ビジネス情報”という作りであるのに対して、最後発の『上海MＹ CITY』は生活・文化・ビジネス情報だけでなく、上海の人々の暮らしなど上海そのものにも焦点を合わせた作りだ。

4誌とも、上海市内の日本料理店やホテルなどで無料で入手できる。また日本では中国関係専門書店などで購入可能。

インターネットも情報源のひとつだ。ビジネス、観光、生活、イベント、文化など上海の幅広い情報を扱う「SHEX 日中ドットコム（上海エクスプローラー）」はトップページの1日のヒット数が7,000を超える人気サイト。特に、上海のさまざまな情報が交換できる掲示板「上海よろず公開質問」へは直接アクセスする人も多く、1日のヒット数は1万件だ。公開質問のコーナー以外に、求人求職

▲無料の邦字誌が4誌。月初めに日本料理店やホテルで配布される

(詳しくは、P.25)、友達サークル、グッズ交換、住宅不動産のコーナーもあり、利用者は多い。

日本で発行されている新聞や雑誌、書籍は日系企業が多数入居するビルなどで購入可能だが、価格は日本の約2倍となる。新聞・週刊誌はホテルオークラがマネジメントする「花園飯店」などのホテルでも買うことができる。

【上海で発行されている日本語フリーペーパー】

『WALKER』

上海初の邦字月刊誌。北京版、ビジネス版もある。

上海市澳門路519弄２号　華生大廈11Ｆ

Tel(021) 5107-5998

http://www.shwalker.com

『Super City 上海』

月刊誌。北京版もある。
上海市延安西路2201号　国際貿易中心218室
Tel(021) 6219-6634
http://www.supercity-shanghai.com

『コンシェルジュ上海』
上海のほか、北京、大連、香港の３都市版もある。
上海市延安西路1600号　禾森商務中心609室
Tel(021) 6280-3366
http://www.navigator.co.jp

『上海 MY CITY』
2003年創刊。等身大の上海にフォーカスした特集が好評。
上海市淮海東路99号　恒積大廈12Ａ
Tel(021) 6386-5845
http://www.my-city.com.cn

『ジャンピオン』
2004年創刊の日本語週刊タブロイド紙。日本のスポーツ・芸能情報も。
上海市淮海中路755号　東楼21Ｄ
Tel(021) 6431-7815

【上海・中国に関する日本語ホームページ】

ＳＨＥＸ　日中ドットコム
http://www.nicchu.com（日本から）
http://www.nicchu.com.cn（中国から）

まるごと上海
http://yousworld.com/marugoto/

▲新聞雑誌販売スタンド。日本のファッション誌の中国語版もある

MAHOO！上海

http://www.mahooshanghai.com

月刊シティ

http://www.cityshanghai.com/

中国情報局

http://www.searchina.ne.jp/

Chinachips！　庶民の中国情報世界一！

http://chinachips.fc2web.com/aaa.html

中国総合情報掲示板

http://www2u.biglobe.ne.jp/~n-yama/main.html

人民日報日文版
http://j.peopledaily.com.cn/home.html

【日本語書籍・雑誌が買える書店】
上海外文書店
上海市福州路390号

匯豊大廈ブックストア
上海市浦東新区銀城東路101号　匯豊大廈２Ｆ

中央図書進出口上海公司　国貿店
上海市延安西路2200号　国際貿易中心１Ｆ

友誼商城ブックストア
上海市遵義南路６号　友誼商城１Ｆ

【上海の主な大型書店】
上海書城
本店：上海市福州路465号
淮海店：上海市淮海中路717号
南京路店：上海市南京東路345号

思考楽書局
福州路店：上海市福州路567号
美羅城店：上海市肇嘉浜路1111号　美羅城４Ｆ
浦東店：上海市浦東南路1271号　華融大廈１、２Ｆ（24時間営業）

【その他】
日本領事館広報センター
　日本の新聞、雑誌、図書が無料で閲覧できる。初回利用時に会員

証の申請手続きをすること。手続きには、パスポートと写真２枚(2.5㎝×２㎝）が必要。土日休館。
上海市延安西路2200号　国際貿易中心３Ｆ
℡(021）6219-5917

⑪ 日本人コミュニティ

上海に到着したばかりの頃は、不案内な現地での生活に戸惑うことも多いだろう。また、上海の生活がどんどん便利になっているとはいっても、日本とは異なる環境で暮らすなかでストレスを感じることもあるはずだ。そんな時は、同じ日本人と触れ合うなかで情報交換をしたり、人脈を広げてみてはどうだろうか。

上海で働く女性たちの親睦団体「上海で働く日本人女性の会」(hatarakujyoseish@yahoo.co.jp）は３カ月に１回、懇親会を開いている。毎回40～50人の参加者があるので、上海で働き始めた人には人脈を広げ、情報を得られる絶好の場だ。中国人の夫をもつ女性たちの「老婆の会」や、性別不問の「現地採用者の会」(yoshida@shmpc.com.cn）なども定期的に懇親会を開いている。

そのほかにも以下のような、大学同窓会、県人会、生まれ年の会や趣味・スポーツのサークルなどがある。

それぞれの連絡先は、上海の総合情報サイト「SHEX　日中ドットコム」(http://www.nicchu.com）を参照。

【大学同窓会】

大阪市立、関西学院、関西、関西外国語、京都、慶応、甲南、神戸市外国語、芝浦工業、成蹊、上智、大東文化、拓殖、中央、筑波、東京、東京外国語、国士舘、同志社、日本(文理学部中文科)、一橋、北海道、明治、法政、立命館、早稲田

▲テニスサークルの集まり。情報交換の場としても活用されている

【中高同窓会】

大阪府立桜塚高等学校、成蹊学園、麻布中学・高校

【県人会】

北海道、福島、茨城、群馬、埼玉、長野、新潟、石川、福井、富山、愛知、岐阜、三重、京都、兵庫、奈良、岡山、広島、愛媛、福岡、佐賀、鹿児島

【生まれ年の会】

52年、69年、72年、76年、78年

【サークル】

剣道、混声合唱、将棋、元派遣員の会、印度の会、モクバトの会、ローラーブレード愛好会、ラテンダンス愛好会、上海ソフトボールリング、和太鼓、上海イレブンゴルフサークル、など

⑫ 在留届と在外選挙

【在留届】

外国に住所または居所を定めて３カ月以上滞在する人は、旅券法第16条により、その地域を管轄する日本大使館または総領事館に速やかに在留届を提出することが義務付けられている。海外に在住する日本人が事件や事故、思わぬ災害に巻き込まれるケースも増加しており、万一、このような事態に遭遇した場合に、日本国大使館や総領事館が在留届をもとに、その人の所在地や緊急連絡先を確認して援護する。また、海外在留邦人が事件や事故、災害に遭ったのではないかと思われる時、「在留届」が提出されていれば留守宅への連絡等も迅速に行うことができるので、在留届は必ず提出しよう。

また、在外公館でパスポートの更新などを行なう場合、「在留届」を提出していれば、戸籍抄本の提出が免除される。

「在留届」を提出した人には総領事館から、広報紙「総領事館だより」が発送されてくる。

在留届の届出用紙は郵送、FAX での取り寄せも可能。詳細は、総領事館まで。

在上海日本国総領事館

上海市万山路８号

Tel (021) 5257-4766

FAX (021) 6278-8988

http://www.shanghai.cn.emb-japan.go.jp/

【在外選挙の登録】

「在外選挙人名簿登録」を行なうと、在外選挙人証が発行され、海外でも日本の選挙（ただし、衆・参議院の比例代表のみ）に参加

▲外国人居留証

できる。通常、本登録には２、３カ月の手続き期間が必要。申請は本人に限られる（配偶者の代理申請も認められない）。

１．登録資格
（１）年齢満20歳以上の日本国民
（２）本国内で転出届を提出している人
（３）上海市、浙江省、江蘇省及び安徽省に３カ月以上居住
２．持参するもの
（１）旅券
（２）居留証

学ぶ

中国は広大であるため、中国語には主なものでも北京語、広東語、上海語、福建語といった方言が存在する。そのなかで北京語を標準とした「普通話」が中国の共通言語で、若い世代には普通話がかなり浸透している。

上海出身者の間では上海語が使われているが、上海出身者以外には理解できない言語である。しかし、他都市・省出身者も増えていることもあって上海でも普通話は浸透している。普通話が話せれば、私たち外国人も不自由することなく働くことも生活することもできる。もちろん、上海語を話すことができれば、より深く上海社会へ入り込むことができる。

普通話は北京語を母方言としているため、一般的には中国語の習得には北京など北方への留学が適しているとされる。上海市民の普通話は南方訛りの発音のため、北方で学ぶよりも不利となるのは否めない。しかし、最近はそういったマイナス面も踏まえたうえで、留学終了後の就職を念頭において経済都市、上海を留学先に選ぶ人も増加している。

語学留学は、各大学の国際交流学院等の名称の留学生オフィスが管轄する「漢語班」という語学コースで学び、語学留学生は漢語進修生と呼ばれる。就職を念頭に置いて留学して来る人の多くが１年間（長い人でも２年間）、漢語班で学び、中国政府国家教育部公認の中国語能力試験「ＨＳＫ（漢語水平考試）」(P.16参照）の６～８級の取得を目指す。

中国の大学は２学期制で、前期が９月から、後期が２月中旬から下旬にスタートする。後期の開始時期が毎年異なるのは、旧暦を採用しているためだ。夏休み、春休みをのぞくと、通学するのは約10

▲前国家主席の江沢民も卒業した交通大学

カ月になる。漢語班の授業はほとんど午前中のみ。午後は自由時間で、二胡や太極拳、書道など中国文化を学んだりすることもできる。

数年前までは校内の留学生寮への居住しか認められていなかったが、現在は大学の許可を受け、公安局で所定の手続きを行なえば、校外に住むことができるようになっている。部屋のタイプによっては寮費のほうが、校外でアパートを借りるよりも高いため、校外で暮らす留学生も増えている。しかし、中国語初級レベルの場合は、最初の半年は寮で生活して中国生活に慣れ、語学力がある程度ついてから校外に住むことをおすすめする。

一年間にかかる経費はおおよそ、学費25万円＋寮費25万円＋生活費30〜40万円＋その他雑費10〜30万円＝90〜120万円。

働きながら中国語を勉強するならば、語学学校の夜間コースに通学するか家庭教師を利用する。

【留学情報が得られる団体、ウェブサイト】

独立行政法人　日本学生支援機構　留学情報センター

資料閲覧や留学相談（要電話予約）も可能。東京は毎日、神戸サテライトは月～金、開館している。ホームページ内にも、「中国留学の手引き」が掲載されている。

http://www2.jasso.go.jp/study_a/oversea_info_24.html

東京　東京都江東区青海2-79

神戸サテライト　兵庫県神戸市中央区脇浜町1-2-8

SHANGHAI WORLD

留学生が運営する上海留学・生活に関するサイト。掲示板もあり、留学相談をすることができる。メーリングリストも。

http://www.shanghai-world.com/

北京に留学してみれば

北京留学経験者による北京などの留学情報サイトだが、中国留学に関する情報が得られる。

http://homepage2.nifty.com/peking/

【漢語班のある主な大学】

復旦大学　国際文化交流学院

上海市政通路280号

Tel（021）6564-2256　6511-7628

http://www.fudan.edu.cn

上海交通大学　国際教育学院

上海市華山路1954号

Tel（021）6293-2276　6293-2277

http://www.sie.sjtu.edu.cn（日本語あり）

上海外国語大学　国際文化交流学院
上海市大連西路550号２号楼
Tel(021) 6531-1900（内線2961、2963）
http://www.shisu.edu.cn/dep/guojiao/index.htm（日本語あり）

華東師範大学　国際交流処留学生弁公室
上海市中山北路3663号
Tel(021) 6223-2013　6223-2217　6257-2289
http://ied.ecnu.edu.cn/lxs（日本語あり）

上海師範大学　対外漢語学院留学生弁公室
上海市桂林路100号
Tel(021) 6432-2824
http://icec.shnu.edu.cn/

上海大学　国際交流学院　留学生募集事務室
上海市延長路149号
Tel(021) 5633-1820　5633-1839
http://www.shu.edu.cn

同済大学　留学生弁公室
上海市四平路1239号
Tel(021) 6598-3611
http://www.tongji.edu.cn/~istju（日本語あり）

上海財経大学　国際文化交流学院
上海市中山北一路369号
Tel(021) 6536-1944　6531-5663
http://www.shufe.edu.cn/ices（日本語あり）

上海戯劇学院　留学生弁公室

上海市華山路630号

Tel(021) 6248-1866　6248-2920（内線3006）

【中国語が学べる主な語学学校】

愛馬徳漢語培訓

上海市南京西路1376号　上海商城721室

Tel(021) 3222-1028

http://www.imandarin.net

永漢中国語教室

虹橋校　上海市仙霞路88号　太陽広場東塔２階

Tel(021) 6209-9393

浦東校　上海市浦東大道138号　永華大廈10階

Tel(021) 6887-5058

徐家匯校　上海市天鑰橋路93号　中福実業大廈７階

Tel(021) 6469-5393

http://www.9393.co.jp/qchinese

ＥＥＴ中国語教育センター

上海市浦東南路855号　世界広場２楼Ｄ座

Tel(021) 5887-5185　5887-1560

http://www.eetnet.net

ＴＬＩ－ＣＩＩＣ　上海センター

浦東校　上海市向城路58号　東方国際科技大廈19Ａ

Tel(021) 6840-6055　6840-6725

徐匯校　上海市漕渓北路88号　聖愛広場11楼Ｅ座

Tel(021) 5424-7324

虹橋校　上海市仙霞路80号　天虹大廈６楼

Tel (021) 6278-5923
http://www.tli.com.tw/jp

関係機関ほか

■在中国日本公館

在中華人民共和国大使館

北京市建国門外日壇路７号

℡(010) 6532-2361

FAX(010) 6532-4625

http://www.cn.emb-japan.go.jp/jp/01top.htm

在広州総領事館

広州市環市東路368号　花園大厦

℡(020) 8334-3009

FAX(020) 8333-8972

http://www.guangzhou.cn.emb-japan.go.jp/

在瀋陽総領事館

遼寧省瀋陽市和平区十四緯路50号

℡(024) 2322-7490

FAX(024) 2322-2394

http://www.shengyang.cn.emb-japan.go.jp/jp/index.html

在大連出張駐在官事務所

遼寧省大連市西崗区中山路147号　森茂大厦3階

℡(0411) 8370-4077

FAX(0411) 8370-4066

http://www.dalian.cn.emb-japan.go.jp/jp/index.html

在重慶出張駐在官事務所

重慶市渝中区民生路283号 重慶賓館商務大厦14Ｆ
Tel(023) 6373-3585
FAX(023) 6373-3589
http://www.chongqing.cn.emb-japan.go.jp/jp/index.html

■在日本中国公館

中華人民共和国駐日本大使館
東京都港区元麻布3-4-33
Tel03-3403-3388
FAX03-3403-3345

駐札幌総領事館
札幌市中央区南13条西23-5-1
Tel011-563-5563
FAX011-563-1818

駐大阪総領事館
大阪市西区靭本町3-9-2
Tel06-6445-9481
FAX06-6445-9475

駐福岡総領事館
福岡市中央区地行浜1-3-3
Tel092-713-1121
FAX092-781-8906

駐長崎総領事館
長崎市橋口町92-3
Tel095-849-3311
FAX095-849-3312

■中国関連の専門書店

東方書店

東京都千代田区神田神保町1-3
Tel03-3294-1001
FAX03-3294-1003
http://www.toho-shoten.co.jp/

内山書店

東京都千代田区神田神保町1-15
Tel03-3294-0671
FAX03-3294-0417
http://www11.ocn.ne.jp/~ubook/

亜東書店

東京都千代田区神田錦町1-4　日中友好会館１Ｆ
Tel03-3291-9731
FAX03-3291-9770
http://www.ato-shoten.co.jp/

中華書店

東京都千代田区神田神保町2-20-6
Tel03-3515-6633
FAX03-3515-6699
http://www.chuka-shoten.co.jp/

亜東書店名古屋支店

愛知県名古屋市昭和区八事本町100-32　八事ビル１Ｆ
Tel052-836-2880
FAX052-836-2883

朋友書店
京都市左京区吉田神楽岡町８
℡075-761-1285
FAX075-761-8150

福岡中国書店
福岡市博多区中呉服町5-23
℡092-271-3767
FAX092-272-2946
http://www.cbshop.net/

中国語ブックストア（中国語教材オンラインショップ）
http://www.unista.co.jp/book/index.htm

書虫（中国大陸の書籍オンラインショップ）
http://www.frelax.com/sc/